# Passage piéton

*À mes enfants.*
*À mon mari.*
*À Marie-Noëlle.*


12, rue du Moulin-Joly, 75011 Paris
www.ruedelechiquier.net

ISBN : 978-2-37425-195-0
Dépôt légal : janvier 2020

Laurence Bril

# Passage piéton

## Récit d'une détox numérique par la marche

Rue de l'échiquier

## Playlist mentale

« *They will not control us*
*We will be victorious* »
Muse, *Uprising*

« Rendez-nous la lumière, rendez-nous la beauté
Le monde était si beau, et nous l'avons gâché »
Dominique A, *Rendez-nous la lumière*

« J'oublie tout et je m'en vais
Moi je m'en vais marcher »
Angèle, *La Thune*

« Ce petit chemin
Qui sent la noisette
Ce petit chemin
M'a tourné la tête »
*Ce petit chemin*, paroles de Jean Nohain

« Faire le vide des réseaux, ça donne un grand bol d'air. »
Xavier Thévenard, triple vainqueur de l'UTMB

« Je marcherai les yeux fixés sur mes pensées »
Victor Hugo, « Demain, dès l'aube », *Les Contemplations*

« "Qu'est-ce qui se passe ?"
Montag n'avait jamais vu une telle débauche d'éclairage dans une maison.
"Oh, simplement mon père, ma mère et mon oncle qui sont là
en train de bavarder. C'est comme de se promener à pied,
sauf que c'est plus rare. Mon oncle a été arrêté une autre fois –
je ne vous ai pas raconté ? – parce qu'il allait à pied.
Oh, nous sommes des gens très bizarres." »
Ray Bradbury, *Fahrenheit 451*

« Mais qu'est-ce que je vais devenir, moi ?!
– Eh bien un piéton, monsieur. »
*Le Corniaud*

« *It's a new dawn, it's a new day, it's a new life for me,*
*and I'm feeling good* »
Muse, *Feeling good* (reprise)

## Sommaire

# Avant-propos

Il m'aura fallu près de 3600 kilomètres – 4 millions de pas ! – pour réussir à me poser de nouveau devant un écran. Plus d'un an. Loin des likes, des retweets, des follows, des unfollows, des alertes, des notifications, des pages vues ou pas, du buzz, loin de tout ce qui façonne le quotidien de ce monde numérique et tactile qui était le mien.

Je reviens d'une année où je me suis évadée à coups de pieds arpenteurs, curieux, détendus, parfois compétiteurs, souvent dilettantes, explorant de nouvelles contrées pas uniquement géographiques, pleines d'endorphines, de sensations et d'interactions déconnectées. Il m'aura fallu un an pour passer d'une hyperconnexion chronique à une reconnexion durable. Un an pour m'extraire du gouffre numérique dans lequel je m'étais plongée, et qui m'avait donné l'impression d'avoir été engloutie corps et âme. Une année entière au grand air, ponctuée de marches, de randonnées, puis de trails ou de courses, entrecoupée de flâneries, excursions et déambulations diverses et variées pour retrouver une vie qui ne soit plus dictée par l'écran d'accueil de mon smartphone. Une année pour m'échapper des algorithmes et des prédictions. Une année pour retrouver ma liberté. Ce sont ces cheminements qui m'ont inspiré *Passage piéton*.

En posant un pied devant l'autre, j'ai reconnecté avec l'essentiel, et déconnecté avec le superflu. C'est en passant par le corps que j'ai retrouvé mon âme, que je l'ai dépoussiérée de tous ces octets envahissants et perturbateurs. Ceux-ci sont toujours là, mais j'ai appris à les dompter et à ne plus en être dépendante. J'ai pris mes distances, au sens propre comme au sens figuré, avec le numérique, pour ne conserver que ce qui m'a toujours fascinée dans cet univers : sa fluidité.

J'ai décidé de troquer Google contre des chaussures de randonnée pour explorer le monde. D'arpenter les sentiers plutôt que le Web. C'est cette détox numérique, ce passage piéton des pixels au grand air, cette reprise en main pédestre de ma vie digitale que raconte ce livre.

# Dans le sas de départ

*Val-Cenis, 5 août 2018*

Je viens de passer le contrôle. J'ai fièrement montré mon kit obligatoire. Sifflet, couverture de survie, réserve d'eau, téléphone chargé, coupe-vent, tout est en place dans mon sac à dos. Mon dossard est bien visible. Mon nom est inscrit en toutes lettres. La classe intégrale. Je porte un numéro composé de 0 et de 1, difficile de faire plus binaire. J'y vois un clin d'œil malicieux du destin, l'occasion de donner un bon coup de pied aux octets. D'authentiques frissons me parcourent quand je pénètre dans le sas de départ : d'ici quelques minutes, je vais m'élancer pour mon premier trail. Je m'apprête à courir en montagne, sur une distance de 13 kilomètres et 1 000 mètres de dénivelé. J'ai encore un peu de mal à le croire. Il y a six mois, je détestais courir. Il y a un an, je suivais le même parcours à Val-Cenis, mais en version randonnée. Et il y a deux ans… j'étais assise derrière un ordinateur, cernée par un iPad et un iPhone, en train d'écrire des articles. Jamais je n'aurais imaginé avoir envie de courir un trail… en montagne... Et pourtant, me voici dans l'arène. J'ai rejoint le clan des trailers, j'en suis moi aussi et ça me paraît absolument dingue.

Je regarde les autres coureurs autour de moi. Si nous avons tous l'uniforme du trailer – baskets robustes, short, camelbak et bâtons en option –, chacun arrive dans ce sas avec sa propre histoire et ses propres objectifs. Nous sommes tous unis par l'intensité des efforts que nous allons devoir fournir, et nous sommes tous séparés par le laps de temps pendant lequel il nous faudra maintenir ces efforts. Les premiers courront à environ 10 kilomètres-heure de moyenne malgré le dénivelé, les derniers à 4 kilomètres-heure ou moins… Une formalité pour les uns, un parcours du combattant pour les autres. C'est le propre des distances «courtes». J'ai croisé un trailer qui espérait avaler les 13 kilomètres en une heure et demie. Nous ne sommes définitivement pas tous égaux. Mon objectif à moi, c'est de finir. D'aller au bout.

L'ambiance est détendue, joyeuse. On échange assez facilement avec ses voisins. À la hâte de crapahuter, de partir à l'assaut d'un parcours annoncé comme «dré dans l'pentu» (traduction: ça va grimper sévère), se mêle cependant une pointe d'anxiété: de l'orage est annoncé. La course n'est pas annulée, mais les barrières horaires ont été ajustées. Il ne va pas falloir traîner.

Sur fond de *Thunderstruck* d'AC/DC, le speaker exhorte la centaine de coureurs présents : «Vous êtes les héros de ce trail, de cette montagne.» Héros, héroïne: «Personnage légendaire auquel la tradition attribue des exploits prodigieux.» Je ne suis pas légendaire, je suis au contraire, précisément à cet instant, plus que jamais, de chair et d'os, mais je m'apprête en revanche effectivement à accomplir un exploit prodigieux. De mon point de vue, bien sûr. J'ai 51 ans, j'ai toujours détesté courir parce que je n'ai aucun souffle, j'ai un lourd passif de sédentaire, et je m'apprête, de manière volontaire et réfléchie, à lutter contre moi-même pendant 13 kilomètres, sur 1 000 mètres de dénivelé (j'insiste). Et pour rien au monde je n'échangerais ma place. *Je vais courir un trail de 13 kilomètres.* Je répète parce que j'ai moi-même du mal à y croire : courir un trail. Comment en suis-je arrivée là ? Quel séisme s'est produit dans ma vie pour que la nulle en sport que j'étais en vienne à décider de préparer, puis de courir un trail ?

Trois, deux, un… C'est parti !

Kilomètre 0

# De l'air!

*Aux abords de la Manche, 1er janvier 2017*

L'air est vif, piquant. Il rosit les joues et décrasse les neurones embrumés. J'avance lentement le long de la falaise. Je marche à hauteur de goéland en suivant un sentier très étroit. Cent mètres plus bas, les vagues se fracassent sur les galets. J'aime tellement cet endroit. C'est beau, battu par le vent, parfois dangereux. Sauvage. La nature sans artifice. Celle que j'ai connue enfant. Celle que j'ai envie de retrouver. Je ne le sais pas encore, mais ce premier jour de janvier sera également le premier d'une nouvelle ère. Rien de vraiment construit, pas de grande résolution, juste une profonde envie de changement.

Je longe une valleuse. Devant moi, la mer à perte de vue, fluctuante, éternelle. J'ai toujours aimé plonger mes pensées dans cet horizon si parfaitement droit en imaginant qu'il y a cent ans, il y a mille ans, il était déjà là. Les vagues, les marées, les tempêtes, la pluie, le soleil, le vent, les saisons passent et l'horizon reste, immuable, offrant à perte de vue cette même perspective à tous ceux qui le contemplent depuis des siècles. L'homme n'a pas encore – pour le moment – altéré ce paysage, c'est à la fois fascinant et rassurant. Aux antipodes du monde hyperconnecté qui a été le mien ces dernières années : j'ai, en tant que journaliste, créé et fait vivre trois sites, autant de pages Facebook et de comptes Twitter. Ces créatures hybrides sont mes compagnes depuis sept années. Sept années frénétiques, passionnantes, intenses. Et totalement numériques. J'ai la sensation, de plus en plus désagréable, de ne faire qu'un avec mon écran.

J'ai la tête encore encombrée, en perpétuelle mise à jour. J'ai des haut-le-cœur en pensant à ces habitudes qui parasitent mon quotidien dès le réveil : «checker» les alertes, les mentions ; publier du contenu, le promouvoir en ligne, répondre aux e-mails, aux commentaires, republier du contenu, tout le temps, sans fin, alimenter les réseaux sociaux, ne pas oublier de se déplacer sans un chargeur à portée de main, chercher le wi-fi, vérifier de nouveau les alertes, les mentions. Stop ! Je me suis transformée, comme des millions de semblables, en esclave volontaire de ces (plus si) nouvelles technologies. Désormais, à chaque voyage, chaque sortie, aussi courts soient-ils, professionnels ou non, il faut penser prise, réseau, batterie, publication, likes. La charge mentale est à son maximum. Je me souviens encore de cette grosse journée de rendez-vous à Paris sans mon smartphone, oublié à la maison en raison d'un départ précipité, et de cette angoisse qui m'a saisie quand je m'en suis aperçue. J'étais comme la cigale face à la bise, totalement démunie. J'ai heureusement la chance d'avoir unc bonne mémoire, et de garder de «l'ancien monde» l'habitude de ne pas tout confier au nouveau monde dématérialisé. J'avais donc mon emploi du temps bien en tête, les adresses aussi. Mais j'ai passé la journée à prier le ciel de pouvoir enchaîner mes rendez-vous sans retard, et à espérer que personne n'annule au dernier moment en laissant un message que je ne pourrais consulter que quelques heures plus tard. J'ai trouvé ce sentiment de dépendance… effrayant.

Je marche sur la falaise depuis maintenant deux bonnes heures. J'ai la tête remplie du cri des goélands, du souffle du vent, de mes pas qui résonnent sur le sentier, des nuances de bleu du ciel et de l'écume des vagues. Il y a longtemps que je n'ai pas eu l'esprit aussi léger.

Pas de mentions pour l'encombrer, pas d'alertes, pas de sonneries, pas d'e-mails à trier, rien, juste le paysage qui reprend sa place. Et ça fait du bien. « Soyez donc résolus à ne plus servir et vous serez libres », nous prévenait déjà le jeune Étienne de La Boétie, il y a plus de quatre cent cinquante ans, dans son *Discours de la servitude volontaire.* C'est cette liberté que je veux retrouver en marchant et en me rapprochant de la nature.

***

Là-haut sur la falaise, quelque chose s'est déclenché en moi. J'ai pris conscience du (sur)poids de ma vie numérique, et de la nécessité d'une diète. J'ai choisi par instinct d'agir avec mon corps pour quitter mon téléphone. De réinvestir dans la marche une partie du temps que je passais à surfer. J'ai troqué mon ras-le-bol contre un bol d'air. L'asphyxie était telle que ce changement de rythme s'est fait naturellement, de manière progressive. J'en avais besoin. Il était temps.

Et c'est ainsi que, petit à petit, j'ai commencé à marcher. Une flânerie par-ci, une balade par-là. Un pas après l'autre, de quoi être « AFK », *away from keyboard*, « loin du clavier » comme disent les *gamers* pour indiquer qu'ils quittent temporairement une partie, qu'ils sont absents, hors jeu. J'ai décidé moi aussi de prendre mes distances avec mon clavier. Par besoin d'aller voir ailleurs. Par besoin de sentir mes jambes en mouvement. Par besoin de poser mes yeux sur de nouveaux horizons.

Par besoin, aussi, de remettre de la nature dans un monde envahi par la technologie. Une manière de renouer avec «le monde d'avant», celui sans réseau, juste pour voir.

J'ai marché parce que c'est ce qu'il y a de plus simple à faire : un pas devant l'autre. Et on avance. La quintessence de la *low tech*.

Kilomètre 1

# Un avion posé sur l'Hudson

Je n'ai jamais été accro à Facebook. Mon truc à moi, c'était plutôt Twitter. Mais le principe est le même, et il accapare toute notre attention en nous susurrant, au beau milieu d'un repas, d'un livre ou d'une conversation : «Va voir tes mentions, va voir ton nombre de retweets, va contrôler tes interactions, va gonfler ton ego!» Et nous y allons, comme un junkie va chercher sa dose.

Quand je remonte le fil du temps, j'en arrive inévitablement au point de départ : un avion posé sur le fleuve Hudson. Le 15 janvier 2009, un A320 avec à son bord 155 passagers amerrit en urgence sur l'Hudson, juste en face de Manhattan. Au même instant, Janis Krums, entrepreneur de passage à New York, traverse le fleuve à bord d'un ferry. En apercevant l'avion, il a un réflexe qui n'est pas encore répandu : il prend une photo avec son iPhone et l'envoie via Twitter à ses 170 abonnés de l'époque, accompagnée du texte suivant : «Il y a un avion sur l'Hudson. Je suis à bord d'un ferry qui va récupérer les gens. C'est fou.» Son tweet, et surtout la photo, a circulé dans tous les médias, et a été l'un des premiers à conférer à Twitter son caractère viral.

C'est ce tweet, qui décrivait en temps réel une scène d'actualité surréaliste, relayé dans les médias classiques, qui m'a incitée à partir à la découverte de Twitter et de son univers *breaking news*. Je trouvais ça révolutionnaire et fascinant, je sentais que quelque chose de totalement nouveau était en train de se passer.

Quand j'ai débarqué sur Twitter en 2009, c'était un monde à part, qui comptait à peine plus de 100 000 inscrits (10 millions aujourd'hui), parmi lesquels seuls 7 % (15 000!) étaient des utilisateurs réguliers. Ceux qui atteignaient les 1 000 «followers» étaient des cadors, on y croisait une majorité de journalistes et d'aspirants influenceurs qui pratiquaient sans état d'âme le *personal branding* (la «promotion de soi», la construction d'une réputation), l'ambiance était en apparence plutôt potache, le second degré n'était pas encore mort, les interactions se faisaient majoritairement via un ordinateur et non pas via un mobile, bref, c'était il y a des années-lumière. Je venais de créer un premier site, j'avais besoin de le faire connaître ; Twitter constituait un tremplin formidable. Et puis je travaillais en free-lance de chez moi, nous avions quitté Paris pour élever les enfants au grand air, et j'étais en manque de collègues de bureau et de pauses-café. J'ai trouvé sur le réseau de micro-blogging de quoi assouvir ce besoin d'échanges à la fois professionnels et ludiques. Et je l'avoue : j'ai adoré.

Je retrouvais cette même sensation grisante que j'avais ressentie lors de ma première connexion à Internet quinze ans auparavant, cette même idée de défricher des terres inconnues, cette même excitation face à ce nouvel eldorado. Communiquer, se cultiver, chercher, trouver, errer, publier, inventer, se divertir, travailler… La liste est longue de tout ce que l'on pouvait désormais faire «sans sortir de chez soi». L'avènement du Web social n'a fait que renforcer notre immobilisation amorcée avec le Web dit statique. Il m'est arrivé, surtout pour le côté décalé, d'avoir des rendez-vous très sérieux par Skype avec des pantoufles aux pieds. Ces rendez-vous professionnels en chaussons sont symboliques de cette ère numérique dans laquelle nous sommes entrés à pieds joints, qui abolit certains de nos déplacements. (Qui se souvient de la dernière lettre qu'il a écrite et postée dans une boîte aux lettres ?)

Puis vint 2010 et la popularisation de l'appli mobile pour iPhone. Désormais, Twitter tenait dans la poche et ne s'éteignait jamais. 2010, c'est également l'apparition de l'iPhone 4 (le premier à embarquer l'iBookstore pour favoriser la lecture numérique) et de l'iPad. J'ai commencé à déléguer beaucoup de tâches à ces écrans tactiles. Même plus besoin de cliquer, même plus besoin de l'intermédiaire d'une souris, mon pouce et mon index suffisaient. Ma vie numérique s'est simplifiée, amplifiée, elle ne me quittait plus. J'étais devenue mon smartphone. Je m'étais autonumérisée.

Kilomètre 2

# Nouveau fond d'écran

Les moyens technologiques nous donnent l'impression de pouvoir gérer plus facilement notre vie professionnelle et personnelle. Mais ce n'est qu'une illusion. Nos deux univers sont de plus en plus poreux. Et ce que nous gagnons en fluidité, nous le perdons en concentration. Tout est devenu possible tout le temps. C'est vertigineux. Nous avons désormais accès très facilement à une masse d'informations qu'une vie entière ne suffirait pas à explorer. Un constat tellement déprimant quand on y pense... Sur YouTube par exemple, chaque minute, 400 heures de vidéo sont mises en ligne… Nous fabriquons nous-mêmes ces informations par nos contributions sur les réseaux sociaux, par ce que nous choisissons de partager. Nous avons également accès, par la numérisation d'archives partout dans le monde, à une encyclopédie faramineuse. Comment, dans cet éden, ne pas avoir envie de s'abreuver à toutes ces sources ? Comment résister à la tentation de cliquer, de s'informer, d'apprendre, de poster, de liker, de stocker, d'archiver ? J'ai pour ma part totalement succombé : lorsqu'on a grandi avec un *Petit Larousse*, les vingt volumes de l'encyclopédie *Universalis*, et le *Quid* à chaque Noël, on mesure la chance inouïe que l'on a d'accéder aussi facilement à toutes ces données et de les utiliser.

Le revers de la médaille, c'est cette impression, très frustrante, dans cette masse d'informations disponibles, de passer à côté de l'info, de manquer un événement, de rater un buzz. Nous sommes sous la pression constante de cette crainte, appelée « FOMO » par les observateurs de nos usages numériques, pour *fear of missing out* (que l'on peut traduire par « peur de passer à côté »).

Dès 2008, l'auteur américain Nicholas Carr donnait l'alerte dans un article devenu célèbre intitulé «Is Google Making Us Stupid?[1]» («Google nous rend-il bêtes?») : «Le Web a été un don du ciel pour l'auteur que je suis. Une recherche qui d'ordinaire me prenait des jours dans les bibliothèques peut désormais être effectuée en quelques minutes. [...] Même lorsque je ne travaille pas, il y a de fortes chances que je sois en train de glaner des infos sur le Web, d'écrire des e-mails, de passer en revue les gros titres et les billets de blogs, de regarder des vidéos ou d'écouter des podcasts, ou simplement d'aller de liens en liens», écrit-il pour pointer du doigt les changements induits sur notre pensée par notre fréquentation assidue d'Internet. «Mon esprit attend désormais de récolter des informations de la même manière que celles obtenues sur le Net : comme un flux de particules s'écoulant rapidement. Autrefois, j'étais un plongeur dans un océan de mots. Aujourd'hui, je reste à la surface, comme un type sur un jet-ski.»

Je suis moi aussi devenue pilote de jet-ski. Avec un smartphone. Qui ne s'éteignait jamais.

J'en ai pris conscience de manière progressive. Je ne me suis pas réveillée un matin en me disant : «J'arrête Twitter, je jette mon iPhone, et je pars dans le Larzac.» Il y a eu d'abord mes enfants, qui me reprochaient souvent de passer plus de temps devant un écran qu'avec eux. Le monde à l'envers. Ils avaient raison. Je tentais de me cacher derrière des justifications professionnelles. C'était partiellement vrai. Je travaillais beaucoup, mais j'aurais pu écourter le temps que je passais à converser

1 Nicholas Carr, « Is Google Making Us Stupid? », *The Atlantic*, juillet-août 2008.

sur les réseaux sociaux, qui empiétait parfois sur ma vie familiale. J'avais l'impression sincère que ce temps conversationnel était utile, qu'il s'inscrivait dans une dynamique professionnelle. Rétrospectivement, il m'apparaît qu'il s'agissait davantage d'un bruit de fond. Au final, la solution est venue du problème : j'ai vu le peuple des réseaux sociaux croître, changer, se distordre, se durcir sous l'assaut de meutes de tous horizons, au point de transformer ces lieux de partage en espaces beaucoup moins sociaux. Le buzz a fini par remplacer l'info, le clash s'est substitué au débat, le communautarisme a peu à peu remplacé les affinités, et certains échanges en ligne me donnaient parfois la nausée.

J'ai fini par ressentir une forme de dégoût pour ce qui se passait derrière mon écran. Et par éprouver le besoin de nouveaux horizons. J'ai donc décidé de changer d'air pour de bon. Je l'ai fait, au pied de la lettre. En commençant par mon logiciel intérieur : j'y ai installé des vraies forêts, des vrais sentiers, des vrais galets, des vraies montagnes, des vraies vagues ; tout, sauf des pixels.

Kilomètre 3

# La vie n'est pas (qu')un long flux tranquille

J'ai le privilège de ne pas avoir passé ma jeunesse à chercher du réseau. Quand on partait en vacances quelque part, je m'inquiétais de la proximité de la mer, pas de celle du wi-fi, question de génération. Bien sûr, si j'avais 16 ans aujourd'hui, je serais la première à réclamer une connexion.

Mais rétrospectivement, j'estime que c'est en effet un privilège. Privilège d'avoir eu l'esprit tranquille, disponible pour vadrouiller et m'intéresser au monde extérieur, penser, rêvasser, m'échapper, errer, m'ennuyer aussi, beaucoup. Mais surtout, surtout, mon esprit était, par la force des choses, déconnecté. Je n'ai pas passé les premières années de ma vie les neurones constamment en prise, même en sourdine, même inconsciemment, avec un monde parallèle qui ne dort jamais. Je sais, pour l'avoir expérimenté au quotidien pendant plus de la moitié de mon âge actuel, qu'on peut ne pas être connecté vingt-quatre heures sur vingt-quatre sans pour autant dépérir. Je sais qu'il existe d'autres sources d'information que Twitter, Wikipédia, YouTube ou les stories Snapchat – ce qui ne m'empêche pas de reconnaître des qualités à ces différents canaux et de les utiliser. Je sais qu'une vie est possible sans smartphone. C'est une vie certes « décalée », bien moins pratique, moins « augmentée », moins « XXL », mais elle est possible. Ça a été la mienne pendant vingt-cinq ans, et celle d'*Homo sapiens* pendant trois cent mille ans.

Comprenons-nous bien. Je ne suis pas en train de dire : « C'était mieux avant. » Je ne veux surtout pas revenir en arrière, je ne veux pas vivre dans une grotte. Je n'ai pas non plus envie de jeter mon iPhone aux orties.

Je dis simplement : voilà comment ma génération a grandi, voilà les conséquences qu'on peut en tirer.

Je regrette l'insouciance d'une vie sans prothèse numérique. Nous sommes devenus dépendants de nos smartphones. Accros. Intoxiqués aux mentions. Obnubilés par les notifications. Obsédés par les likes. Submergés par les injonctions. Incapables de nous déplacer sans Google Maps. De manger sans Uber Eats. Et notre apparente mobilité ne fait que renforcer le phénomène : il n'y a désormais plus de coupure à la maison, chez les amis, au bureau, dans la rue. Notre vie est devenue un long tunnel d'interactions numériques.

Au fil des années, nous avons délégué de plus en plus de tâches à ce qui n'était au départ qu'un téléphone amélioré. Au prétexte de nous faciliter la vie, nous avons confié à notre smartphone des données de toutes sortes, personnelles, professionnelles, et même d'ordre médical. Posons-nous deux minutes et observons notre attitude face à notre mobile : nous le dégainons souvent sans raison objective, de manière pavlovienne (que celui qui n'a jamais vérifié son écran par pur réflexe me coupe le wi-fi sur trois générations). Son intrusion dans notre quotidien est devenue excessive.

Selon une enquête du cabinet Deloitte réalisée en 2016[2], les Français vérifient leur smartphone en moyenne 26,6 fois par jour (un chiffre qu'il faut presque multiplier par deux pour les 18-24 ans !). L'étude souligne entre autres que « l'usage intensif du téléphone portable peut

---

2 Deloitte, « Les Français et le smartphone en 2016 : une relation fusionnelle », 2016, https://www2.deloitte.com/fr/fr/pages/technology-media-and-telecommunications/articles/usages-mobiles-2016.html

[…] générer des comportements à risque : ainsi, 58 % des Français reconnaissent qu'il leur arrive de consulter leur smartphone au volant et 66 % alors qu'ils traversent la rue. Enfin, le téléphone portable s'immisce de plus en plus dans les foyers, au point de devenir parfois source de conflit : 81 % des Français disent utiliser leur smartphone pendant les repas pris en famille ou en compagnie d'amis ; 43 % des jeunes de 18 à 24 ans admettent qu'il leur arrive de se disputer avec leurs parents au sujet d'un usage excessif du téléphone portable. » On notera le champ sémantique : « comportements à risque », « source de conflit », « usage excessif ».

Notre exosquelette numérique est devenu totalement accaparant.

Aussi séduisante soit-elle, l'alliance du mobile et du tactile est pleine de pièges. Le smartphone nous happe dans un espace-temps infini dont il est difficile de s'extraire. Les psys ont trouvé un nom à cette nouvelle forme d'addiction : la « nomophobie », contraction de *no mobile phobia*, la « phobie de l'absence de portable ». Je ne sais pas si je suis devenue nomophobe, mais encore aujourd'hui, alors que j'ai pris un certain recul face à cet aspect de ma vie, mon réflexe quand je quitte mon domicile ou mon bureau est de m'assurer que mon iPhone se trouve bien dans mon sac. Ce qui me chiffonne... car j'ai un peu l'impression de revivre les sensations très désagréables liées au manque de tabac. Heureusement, le smartphone est moins nocif pour les bronches. Il peut même sauver des vies : tous les organisateurs de trails exigent des coureurs, à juste titre, qu'ils aient un téléphone chargé dans leur sac à dos.

Kilomètre 4

# Premiers pas

On ne va pas se mentir, ma conversion au sport est très récente. Je n'ai jamais été sportive. J'ai toujours eu davantage de facilités à exercer ma mémoire que mes muscles. Étant une humaine lambda, je me suis orientée vers ce qui me demandait le moins d'efforts et me procurait le plus de satisfaction. Pas le sport, donc. Au collège, j'avais un prof d'EPS très sympa, mais pas très imaginatif. Toute l'année, été comme hiver, qu'il pleuve, qu'il neige, qu'il vente, il nous emmenait courir dans un endroit maudit dont la simple évocation suffit encore aujourd'hui à me donner des frissons : la Moussée. Il nous traînait sur cette petite colline pour des cross sans préparation et sans fin, au classement immuable : je franchissais, au bord de l'asphyxie, la ligne d'arrivée dans les dernières. La Moussée me paraissait parfaitement représenter ce toponyme bizarre, hybridation de mousse et de rosée, tant on y croisait de végétaux humides et maléfiques qui nous faisaient chuter dans la boue et ramper dans des sentiers pleins de ronces, de monstres et de krakens en tous genres. J'étais Blanche-Neige qui luttait dans la forêt.

OK, j'exagère peut-être un peu, mais c'était mon ressenti de l'époque.

Cette première approche de l'endurance m'a éloignée pour de longues années des terrains de sport et m'a confortée dans l'idée que l'activité physique et moi faisions deux.

Je mesure cependant aujourd'hui la chance que j'ai d'avoir grandi à la campagne (même si à l'époque, bien sûr, je rêvais de vivre en ville) et d'en avoir gardé, inconsciemment ou non, un goût pour les balades au grand air. J'allais à pied à l'école (2 kilomètres aller-retour) dès le CP, matin, midi et soir ; j'empruntais le même chemin pour faire les courses. Pour tromper mon ennui, j'allais souvent me promener dans les champs alentour. Adolescente, je rejoignais à vélo ma bande de copains du village voisin, à 10 kilomètres. Je n'aimais pas le sport, mais je le pratiquais malgré moi, parce que c'était le seul moyen de me déplacer, de communiquer aussi. Comme la plupart des enfants de cette époque – les années 1970 –, nous avions, grâce à la liberté de mouvement dont nous jouissions, une activité physique régulière. Nous étions des Monsieur Jourdain du sport, des combattants, sans le savoir, de la sédentarité.

J'ai donc toujours gardé dans un coin de mon cortex l'idée que marcher rimait avec liberté : celle qui me permettrait d'effacer les carcans de la campagne. Celle qui, très tôt, allait m'ouvrir la voie de l'autonomie. Celle qui, alors que j'étais adolescente, me ferait traverser les champs au lever du jour, seule et sans peur, pour rentrer d'une soirée. Celle qui, de manière générale, me permettrait d'éprouver le monde qui m'entourait.

Surtout, celle qui, quelques décennies plus tard, me sauverait d'un naufrage corporel, lorsque je deviendrais une interface chaise/clavier.

Kilomètre 5

# Nouveau souffle

J'y suis d'abord allée tranquille. De-ci de-là, cahin-caha, je cheminais, sans but précis, la tête levée, bon pied bon œil. Des petites vadrouilles au grand air, histoire de humer le vent, de me décoiffer, dans tous les sens du terme. Je redécouvrais le plaisir de marcher, et avec lui, celui de voir grand : pas d'écran pour stopper le regard et les pensées, pas de tweets, de posts Facebook, de billets de blogs, pas de *breaking news* pour vampiriser les neurones. Je me contentais de lire le paysage alentour, et ça faisait un bien fou.

Il faut dire que j'ai la chance de vivre au bord de la mer. Pas n'importe laquelle : la Manche, lumineuse, caractérielle, sauvage, avec son lot de tempêtes, de nuages, de vent. La puissance des vagues, la fraîcheur des embruns, la minéralité des galets, la régularité des marées, ce flux et ce reflux permanent : la mer, pas plus qu'Internet, ne dort jamais. «La mer s'est retirée,/Qui la ramènera?/La mer est démontée,/Qui la remontera?/La mer est emportée,/Qui la rapportera?/La mer est déchaînée, /Qui la rattachera?/Un enfant qui joue sur la plage/Avec un collier de coquillages.» Cette poésie de Jacques Charpentreau, que j'avais apprise en primaire, m'accompagne à chaque tête-à-tête avec le littoral.

La mer n'a pas de frontière, elle est là, à perte de vue, toujours changeante, jamais la même, mais fidèle au poste. Elle offre à l'esprit un décor d'une richesse incroyable, elle accroche les pensées, les bouscule, les renforce, les vivifie, les aère, les structure bien davantage qu'une session de surf sur le Web. Proche ou lointaine, mais toujours en vue, toujours en vie, source d'inspiration intarissable: se balader en bord de mer, c'est s'ouvrir à tous les possibles. C'est elle, la grande opale, qui m'a aidée à déconnecter. Et à établir de nouvelles connexions. Ou plutôt à rétablir des connexions que le numérique avait abolies : avec mon corps, avec mon environnement, avec la nature, avec mes souvenirs aussi. C'est-à-dire avec l'essentiel.

Au début, je ne me baladais pas nécessairement longtemps, ni très loin. Il fallait que mon corps se remette en marche. Qu'il reprenne ses marques. Par touches marines, à petits pas ou à grandes enjambées le long de la côte, j'ai repris goût aux joies de la bipédie. Très vite, j'ai retrouvé des sensations. Parce que très vite, je me suis souvenue que j'aimais marcher.

Proust suggère que l'odorat est le sens du souvenir. J'ai découvert, pour ma part, que la marche est la culture physique du souvenir. Un pas, une évocation. Une foulée, un souvenir. Au contact du sol, les vestiges mémoriels remontent. Comme si les pieds avaient un pouvoir cathartique. Il y a d'abord eu de l'écho : mes premières marches déconnectées m'ont reconnectée avec la marcheuse qui a toujours sommeillé en moi.

Il y avait certes ces marches venues de l'enfance, qui portaient l'adulte que j'étais désormais, mais il y avait aussi toutes ces déambulations qui avaient laissé des traces, en particulier du temps où j'arpentais Paris en long en large et en travers. Il s'agissait quand je le pouvais d'échapper aux transports en commun, quitte à mettre un quart d'heure de plus. J'y gagnais en liberté ce que je perdais en temps. J'ai également toujours aimé marcher dans Paris par pur plaisir ; manière parfaite de découvrir des ambiances, des visages, des quartiers.

Toutes les grandes villes que j'ai pu visiter, je les ai humées baskets aux pieds. J'ai parcouru New York de Harlem à Manhattan avec une bonne paire de Puma. J'ai passé Checkpoint Charlie, visité Kreuzberg et flâné sur le Ku'Damm berlinois en pleine chute du mur avec des Adidas. J'ai remonté le Strip de Las Vegas, et foulé les abords de la zone 51, en Nike. Londres, Rome, Moscou, Erevan : toujours en baskets.

Le corps n'oublie pas les sensations, le cortex conserve les images dans le cerveau. Une belle machine, bien huilée, qui se déploie en mettant simplement un pied devant l'autre. L'homme est « le seul mammifère avec les pieds ancrés au sol et la tête près du ciel », note le paléoanthropologue Pascal Picq dans son ouvrage consacré à la marche, au sous-titre que j'adore : « Sauver le nomade qui est en nous[3] ». Nous sommes un trait d'union, en quelque sorte. Au fur et à mesure que j'arpentais le front de mer, il m'apparaissait de plus en plus évident que j'étais en mode « off » depuis que j'avais été engloutie par le temps-écran. Sous le couvert d'en faire gagner, le numérique est un piège à minutes. En optimisant nos déplacements, le mobile nous rend paresseux. Dans notre poche, à portée de doigts, nous avons tout à la fois une librairie, une poste, des administrations, des commerces… Mais ce temps gagné sur ces déplacements fastidieux, que devient-il ? Pas nécessairement du sport.

Selon une étude publiée en 2016 par l'association Attitude Prévention[4], plus d'un Français sur deux (53 %)

3 Pascal Picq, *La Marche. Sauver le nomade qui est en nous*, Paris, Autrement, 2015.
4 https://www.attitude-prevention.fr/donnees-chiffrees/barometre-activite-physique-sportive-francais-2016

estime que le temps passé devant les écrans se fait au détriment des activités physiques ou sportives. Cette prise de conscience atteint 63 % auprès des 18-24 ans. « Plus le temps passé devant les écrans (hors travail) est important, plus le niveau d'activité est faible. Par exemple, les personnes y consacrant plus de six heures [quotidiennes] ne font que 6 320 pas par jour en moyenne et 60 % d'entre elles ne pratiquent pas d'activité physique et sportive », précisent les résultats de ce baromètre. Le nombre de pas moyens quotidien serait corrélé au temps passé sur Internet. CQFD.

On m'objectera qu'on peut marcher avec un mobile à la main. Ce qui est vrai. Il suffit de lever la tête de son smartphone pour s'apercevoir que nos congénères citadins ont le nez ou l'oreille collé(e) à l'écran tout en mettant un pied devant l'autre. Mais c'est passer à côté de la marche, la vraie, celle qui décoiffe, qui fait réfléchir, qui fait travailler la tête et les jambes.

Kilomètre 6

# Liberté, fluidité, sérendipité

C'est le deuxième effet Kiss Cool : en marchant, on avance. Truisme ? Certes. Mais pas seulement. Sous son apparente banalité, le marcheur est un être multitâche : il pratique une activité physique et pense en même temps. Il règle ses conflits intérieurs, évacue son stress, trouve des solutions, renouvelle son stock d'énergie, dépense des calories, améliore sa circulation sanguine, passe en revue sa liste de choses à faire, écrit des livres, a des idées, développe ses muscles… Le marcheur est un concentré de technologie, directement opérationnel après huit heures de sommeil et un bon petit déjeuner.

C'est aussi ce qui m'a plu dans mes déambulations piétonnes : j'y ai retrouvé tout ce qui m'a fascinée dans le numérique – et me fascine toujours –, les inconvénients en moins.

En premier lieu, la fluidité. Dans ces deux univers, marche et numérique, tout semble simple d'accès, limpide, intuitif. Il suffit de cliquer pour l'un, de mettre des chaussures pour l'autre. Le voyage est à portée de main. « *The sky is the limit* », comme le disent avec élégance les Anglo-Saxons. À pied, tout est accessible bien plus facilement que par n'importe quel autre moyen de locomotion. Ça peut être plus long, plus difficile, parfois plus dangereux, mais ce sera toujours plus « simple » de marcher puisque l'être humain n'a besoin d'aucun artifice pour avancer. Ni connexion Internet ni essence. Quand on se met debout, la terre devient un terrain d'exploration formidable. Comme le Web avec une souris… Au point parfois de s'y perdre. Que ceux qui ne se sont jamais égarés sur la Toile me mettent un pouce rouge. Combien de fois suis-je partie à la pêche d'une info et en suis-je revenue avec une foule d'autres, sans aucun rapport avec la recherche initiale... De lien en lien, je me retrouvais embarquée vers des sites dont le contenu retenait mon attention, vers des posts Facebook sans intérêt, des articles passionnants, énervants aussi parfois, des vidéos étonnantes... Dans un Web où pullulent les recommandations, il est facile de se perdre en ligne au hasard des algorithmes.

Cette exquise errance porte un nom : la sérendipité. Au début des années 2000, ce concept a été appliqué au Web pour qualifier le fait de trouver ce que l'on ne cherche pas. Perdus dans cette nasse à informations, nous glanons des données au hasard de nos pérégrinations. C'est à la fois délicieux et terriblement chronophage. J'ai retrouvé ces sensations attrayantes, cette sérendipité, au fil de mes balades. Peu à peu, je suis passée d'une demi-heure de marche par-ci par-là à une heure, voire deux, avec un itinéraire défini à l'avance, mais allongé en fonction de mon humeur, de mon temps et du paysage. Partir à la découverte de nouveaux sentiers comme on cherche une donnée avec un moteur de recherche. C'est une pancarte qui parfois me donne envie d'aller à droite plutôt qu'à gauche, une vue qui semble plus imprenable en allant tout droit; mon instinct, beaucoup, qui me conseille d'emprunter ce petit chemin sauvage plutôt que cette grande allée. Il faut se sentir à l'aise avec cette sérendipité, je conçois qu'elle puisse faire peur. Parfois, moi-même... J'ai découvert ainsi tellement d'endroits sauvages, retirés, tristes peut-être, glauques parfois, mais avec une âme. Il faut simplement quitter le GPS et renouer avec cette part de soi qui est restée gambader dans les champs de son enfance.

Renouer avec la liberté aussi. Celle du grand air, sans fil à la patte. Celle qui a le parfum de la déconnexion. Le numérique présente cet étrange paradoxe d'apporter à la fois un sentiment de liberté incroyable en abolissant les frontières temporelles et spatiales – consulter à 3 heures du matin les rayonnages de la Library of Congress –, dont il est difficile de se détacher lorsqu'on y a goûté, et d'en fixer parallèlement les limites : il faut du réseau. Quand on marche, la déconnexion est fonction de la reconnexion avec ce qui nous entoure : elle ne dépend que de notre degré d'attention au monde environnant. Rien de mystique, juste un simple constat. Bien sûr, il ne s'agit pas du même type de connexion. Celle-ci est peut-être moins gratifiante sur le moment, moins instantanée qu'un clic, mais elle décrasse bien plus efficacement les neurones. C'est la «liberté suspensive» de la marche, décrite par le philosophe Frédéric Gros dans son ouvrage *Marcher, une philosophie* : celle qui permet de «se délester du fardeau des soucis, oublier un temps ses affaires. On choisit de ne pas emporter son bureau avec soi : on sort, on flâne, on pense à autre chose[5].» Liberté d'aller et venir, de penser, d'être soi, d'être ailleurs, où bon nous semble, quand bon nous semble. Une liberté renouvelée au fil des kilomètres.

5 Frédéric Gros, *Marcher, une philosophie*, Paris, Carnets Nord, 2009.

Kilomètre 7

# Les petites randos du dimanche matin

Au début, je m'astreignais à marcher une demi-heure par jour. Tout mis bout à bout avec le reste de la journée, j'atteignais mes 10 000 pas, les fameux, recommandés par l'OMS. J'étais pile dans les normes : une façon de retrouver mes repères dans le monde physique. Me conformer à ces recommandations, c'était aussi prendre en compte l'aspect bien-être, et ajouter une dimension santé à la marche.

Rapidement, j'ai eu envie de corser un peu les choses : et si j'essayais de caser le plus de kilomètres possibles en une demi-heure ? En gros : et si j'accélérais ? Puis, quelque temps après : à quoi bon se limiter à une demi-heure par jour ? À quoi bon se limiter tout court ? J'ai commencé à inscrire des marches de plus en plus longues dans mon agenda. J'en ai rapidement ressenti les effets bénéfiques. Physiquement, d'abord : je me sentais plus fraîche, plus tonique. Je prenais goût au lâcher d'endorphines. Je le guettais même, cet instant de bien-être déclenché après un effort physique, nettement plus jubilatoire qu'un like. Je détournais le circuit de la récompense à mon avantage, en lui faisant emprunter des petits chemins de campagne. Le « circuit de la récompense », connu en psychologie, explique, en partie, l'attirance que les réseaux sociaux exercent sur nous : notre cerveau produit, lors de certaines actions, de gentils petits agents chimiques, en particulier la dopamine, qui boostent notre moral et nous donnent envie d'en obtenir encore et encore. Je partage du contenu, j'ai des likes, je me sens valorisé(e), et plus je me sens valorisé(e), plus j'ai besoin de vérifier mes mentions, de poster, de partager, de liker, et ainsi de suite. Ce mécanisme bien huilé nous fait revenir sur Twitter, Facebook et autres parce que nous y trouvons notre compte, dans tous les sens du terme.

En marchant, l'endorphine a pris le pas sur la dopamine. L'«hormone du plaisir sportif» a pris sa revanche sur «l'hormone qui rend accro au smartphone». J'avais remis les pieds sur terre, et je récupérais du temps de cerveau disponible.

Legging de sport, polaire, baskets adaptées : j'ai également revisité ma garde-robe pour mes sorties au grand air. Des muscles ont commencé à se dessiner et, cerise sur le gâteau, les kilos à fondre, même si ça n'était pas le but initial. Les balades entre copines ont remplacé le bla-bla des réseaux sociaux, qui ne m'a pas manqué du tout. Mon compte Twitter, sur lequel je relayais en moyenne une bonne dizaine d'infos par jour – sans parler des tweets auxquels je répondais, des conversations auxquelles je participais –, s'est tari au fil des kilomètres. J'assurais la fonction phatique en continuant de tweeter un ou deux liens, histoire de montrer une présence et de ne pas couper les ponts du jour au lendemain, puis ça m'est sorti de la tête… Plus je laissais d'empreintes dans la terre, moins j'avais besoin de laisser de traces numériques.

J'ai réorganisé ma vie professionnelle, et fait en sorte qu'elle ne soit plus dépendante des réseaux sociaux. J'aurais pu supprimer mon compte Twitter, mais je continuais d'y jeter un œil de temps à autre pour y faire un peu de veille. Utilisé à bon escient, Twitter peut s'avérer un outil d'information intéressant.

La marche a agi comme un révélateur, et j'y ai pris goût. Tous les matins, avant de démarrer ma journée de travail, j'ai institué mon rituel pédestre. J'avais besoin de cette mise au point au grand air pour mieux structurer mes idées. Ou tout simplement pour trouver une issue à un problème qui me prenait la tête. Quand bien même la solution ne se présentait pas, je revenais apaisée, comme délestée d'un fatras inutile qui n'aurait fait qu'alourdir mes pensées et ma journée.

À force de kilomètres, j'ai fini par avoir envie de me tester. Je vis dans une région où sont organisées pas mal de courses et de marches. Ce qui devait arriver arriva : je me suis inscrite à ma première marche chronométrée. Mon premier dossard. Il s'agissait d'une petite marche de 4 kilomètres, perdue au milieu d'épreuves plus longues. J'y suis vraiment allée détendue, j'avais même oublié les épingles à nourrice nécessaires pour attacher le dossard. C'était un dimanche matin, il faisait beau, pas trop chaud, un temps idéal. Nous étions nombreux sur la ligne de départ, dont beaucoup de têtes grises. Je sais que la marche n'est pas un sport très attirant pour les jeunes athlètes. Il ne faut pourtant pas se fier aux tempes poivre et sel : dès le coup de sifflet, elles sont parties comme des fusées. Un peu plus tard, j'ai appris que les premiers avaient mis environ une demi-heure, soit 8 kilomètres-heure en moyenne. Pas mal pour des seniors. Je dois avouer que me faire dépasser aussi sèchement dès la ligne de départ a réveillé la compétitrice qui dormait (profondément) en moi : on allait voir ce qu'on allait voir.

J'ai commencé à éplucher la presse locale, à guetter les pancartes d'annonce le long des routes, à écumer les groupes de marcheurs… sur Facebook, à la recherche d'épreuves organisées pas trop loin de chez moi. J'ai découvert un monde dont je ne soupçonnais pas l'existence : les sportifs du dimanche. Les vrais, ceux qui partent au petit matin, qui n'hésitent pas à faire une heure de route pour participer, ceux qui arborent un t-shirt « Les foulées vertes » avec le logo Auchan, qui connaissent tout le monde parce qu'ils s'inscrivent à toutes les courses du coin, ceux qui s'entraînent le soir après le boulot en famille ou entre amis, ceux qui sont contents de se dépenser sans compter, des amateurs au sens noble du terme. Et j'ai adoré. Tout. L'ambiance bon enfant, le sandwich au pâté à l'arrivée, le tirage au sort pour gagner un panier garni, les chemins boueux, les fléchages fluo au sol, les briefings parfois laborieux du départ, les commentaires des uns, les papotages des autres, les bénévoles qui encouragent chaleureusement les participants, le peloton qui s'étire, les rayons d'un soleil hivernal à travers les arbres, la rosée du matin, les inscriptions sur un coin de table, le t-shirt remis à chacun des marcheurs… Et, surtout, cette envie inlassable de se dépasser, le temps d'un dimanche, le temps d'une rando.

Kilomètre 8

# Auxerre-Vézelay

Quand j'étais enfant, tous les ans, vers la fin avril, avait lieu dans mon village natal un événement qui m'intriguait beaucoup : le passage des randonneurs de la marche Auxerre-Vézelay. Les rues du bourg, d'habitude si calmes, étaient ce dimanche-là peuplées d'étranges silhouettes, aux pieds lestés de grosses chaussures en cuir, le dos harnaché d'un sac d'où pendait nonchalamment une gourde. Des intra-terrestres !

Je les voyais arriver par grappes, tôt le matin, faire une halte à l'unique boulangerie, remplir leur gourde à la fontaine puis repartir, lentement mais sûrement, en direction de la colline éternelle. Ils avaient quitté Auxerre, distant d'une vingtaine de kilomètres, vers 5 heures du matin, et il leur restait encore 35 kilomètres avant d'atteindre Vézelay dans l'après-midi. Le bout du monde. 58 kilomètres en tout ! Pour la petite fille que j'étais, cette journée était extraordinaire, au sens premier du terme... Une fois par an, elle plaçait mon si tranquille village au cœur d'une expédition qui me faisait envie parce qu'elle sentait bon l'aventure, l'amitié, le sport, les croissants chauds et l'eau fraîche. Tous ces randonneurs avaient l'air tellement contents de crapahuter qu'on ne demandait qu'à les suivre. Moi aussi, un jour, je « ferais » Auxerre-Vézelay.

J'attendrai plus de quarante ans avant de leur emboîter le pas et d'honorer ma promesse de petite fille. J'ai toujours gardé en tête cette marche, d'autant plus mythique pour moi qu'elle passe par « Monteloup », petit sentier de randonnée en pente raide qui part de mon village natal et tient une place spéciale dans mon historique personnel.

Dans la famille, on l'avait rebaptisé Monclou, pour rire. Un clou est toujours moins terrifiant qu'un loup. Car lorsque j'étais enfant, ce raidillon me semblait effrayant, effrayant d'efforts à accomplir pour grimper vers ce là-haut incertain. Quand, au terme de longs soupirs, j'arrivais enfin au sommet, je me sentais comme Edmund Hillary conquérant l'Everest. Aujourd'hui, il me faut dix petites minutes pour atteindre Monteloup et ses 200 mètres d'altitude. Mais je trouve cet endroit d'autant plus magique que je lui dois mes premiers émois de randonneuse du dimanche.

Alors oui, pour toutes ces raisons, Auxerre-Vézelay était dans mon ADN. Je savais qu'un jour, moi aussi, je ferais ce pèlerinage intime. Symboliquement, je me suis inscrite alors que j'étais en pleine transhumance numérique et que je retrouvais mon équilibre intérieur grâce à la marche. En outre, je venais d'avoir 50 ans, l'occasion, à l'aube de cette nouvelle décennie, de rappeler à la petite fille des années 1970 que je ne l'avais pas oubliée. L'occasion, aussi, de me prouver que l'âge est une vue de l'esprit.

Le départ était prévu à 8 heures un dimanche de printemps, depuis la petite salle des fêtes de mon village. Les semaines précédentes, j'avais demandé des conseils tous azimuts à mon entourage « IRL » (*in real life*, c'est-à-dire les « vrais gens », pas ceux du smartphone), et puis je m'étais dit : « Tiens, je pourrais aussi aller voir du côté de mes contacts Facebook. » Après tout, s'il faut justifier l'utilité des réseaux sociaux, elle est dans l'entraide que l'on peut éventuellement y trouver. Mon Facebook est hybride : s'y croisent des proches (famille, amis), des connaissances professionnelles, des gens aperçus une ou deux fois et des «contacts» issus de Twitter, avec qui j'ai échangé trois mots. J'ai publié un post d'une banalité à pleurer où je demandais simplement des conseils pour marcher 35 kilomètres. J'ai reçu beaucoup de réponses bienveillantes et judicieuses (en particulier de n'utiliser que des chaussettes et chaussures déjà testées, et surtout pas des neuves). Et puis, dans le lot, des avis du style : «Essaie déjà 20 km, on en reparle après.» Les donneurs de leçons étaient de sortie. C'est la dernière fois que j'ai sollicité directement mes «amis» Facebook.

À tout point de vue, cette randonnée s'annonçait intense. Dans la petite salle où avait lieu le départ, les marcheurs recevaient une carte du trajet et un gobelet en plastique rigide avec inscrit dessus en lettres d'or (OK, juste en rouge) : «AUXERRE-VÉZELAY». J'étais parée pour l'aventure. En rejoignant officiellement la cohorte des randonneurs de cette marche mythique, j'avais trouvé mon graal. Je pouvais partir sereinement à l'assaut du GR654, celui qui mène jusqu'à Saint-Jacques-de-Compostelle.

À l'heure où blanchit la campagne, je me suis élancée sur les petits chemins à la poursuite des balises en rouge et blanc de la randonnée. J'étais heureuse de tenir ma promesse. Le temps était parfait pour crapahuter, ensoleillé, sans être trop chaud.

Le parcours démarrait par la colline de Monteloup. *Ce petit chemin, qui sent la noisette, ce petit chemin, n'a ni queue ni tête…* J'y ai retrouvé tout ce que mon enfance en avait conservé : l'odeur de sous-bois humide, la lumière du matin tamisée par les feuilles, la montée qui serpente au milieu d'un tunnel d'arbres, les toiles d'araignée tissées dans la nuit, les cailloux qui roulent sous les pieds. Il faut se frayer un chemin avec les coudes pour écarter les ronces, solliciter les cuisses, les genoux, pour grimper. Et puis le bout du tunnel : l'arrivée sur le plateau qui domine la vallée.

Je connaissais par cœur les dix premiers kilomètres de la randonnée, j'étais sur mes terres, je retrouvais mes repères, en particulier ce mûrier centenaire à la croisée de trois chemins, dont je goûtais enfant les étranges fruits blancs. J'avançais assez vite. Je ne m'étais pas fixé d'objectif de temps. Aucun participant n'était là pour ça. Cette randonnée est à «allure libre». Ici, le voyage est avant tout intérieur.

Les paysages se suivaient et ne se ressemblaient pas, tantôt le long de la Cure, petite rivière un peu sauvage où il fait bon se baigner en été, tantôt au milieu d'un site historique caché dans la forêt; les montées et descentes se succédaient, Vézelay se mérite. Je découvrais des endroits magnifiques, tout était vert, préservé. Les pancartes étaient de plus en plus rassurantes («Vézelay, 28 km»... «Vézelay, 21 km»... «Vézelay 12 km»...), mais elles semblaient aussi de plus en plus espacées. Je n'étais pas vraiment fatiguée. Et puis, enfin, le dernier ravitaillement. Je ne suis pas restée longtemps, car je savais que ces derniers kilomètres allaient être difficiles. Il me fallait garder de l'énergie pour l'arrivée. Vézelay était en vue. Moment intense que de voir se dessiner dans le lointain la basilique. Je venais de gravir 1 500 mètres de dénivelé, de passer presque sept heures le nez au vent et les pieds sur terre. Mes jambes retrouvaient leur allant, les endorphines calmaient mes muscles endoloris. Le chemin de la Cordelle, ultime montée de ce magnifique parcours, était là, devant moi. Et puis, enfin, le parvis. Majestueux, magnifique. Je me suis arrêtée, désemparée : c'était fini ! Mes jambes étaient lourdes mais peu importe, mon âme était légère. La famille était là. Frissons. J'avais marché 35 kilomètres. Je l'avais fait. J'avais tenu ma promesse.

J'avais réalisé un rêve.

Kilomètre 9

# Là-haut si j'y suis

Les vannes étaient ouvertes : désormais, rien ne m'arrêterait. Il me semblait que mon corps était resté en état d'hibernation ces dernières années, bercé par le lénifiant clapotis des conversations en ligne et le doux cliquetis de la souris. Il n'avait servi qu'à me tenir assise dans mon fauteuil devant l'écran. Comme s'il n'était qu'une simple interface.

Il avait suffi au final d'une bonne bouffée d'air frais pour tout remettre en place, d'un bon coup de pied pour relancer la machine humaine. Je me trouvais tellement bien dans mes vadrouilles que j'avais de plus en plus de mal avec tout ce qui ressemblait de près ou de loin à la technologie, tout ce qui me rappelait mon état, notre état, de dépendance au numérique. De façon plus ou moins consciente, je voulais « mettre en déroute tout ce qui n'était pas la vie », comme l'écrit Thoreau dans *Walden* : revenir à l'essentiel, me rassurer sur ma capacité à revivre « comme avant », à vivre « sans ». Je voulais surtout être sûre que j'étais toujours vivante, et libre. Libre de me déplacer sans prothèse numérique, libre d'avancer sans recourir à un GPS, libre de penser sans Google, libre de remettre du vert dans mon cortex, libre de me perdre si j'en avais envie… Avant de renouer des contacts cordiaux avec les univers connectés, il me fallait être sûre que le monde sans fil à la patte dans lequel j'avais grandi existait toujours quelque part. Un peu comme lorsque Rousseau se perdait en forêt pour y chercher « l'image des premiers temps ». Un retour aux sources, pour décaper le vernis technologique qui s'était déposé ces dernières années sur mes neurones. Une remise à plat à altitude zéro sur les petits sentiers du littoral et les chemins de terre de la campagne.

Après mes 35 kilomètres à Vézelay, j'ai éprouvé un assez fort sentiment d'accomplissement. J'avais tourné une page. Je pouvais passer à la vitesse supérieure. Je pouvais corser un peu mes randonnées, prendre un peu de hauteur, ajouter une dose d'ascension pour atteindre des sommets. Expérimenter de nouvelles sensations. J'ai donc commencé à lorgner du côté des montagnes.

Pour moi, elles ont longtemps été synonymes de ski. Et donc de cours collectifs, de chaussures qui font mal, de bâtons dont je ne sais pas quoi faire, de chutes, de remontées mécaniques, de pistes verglacées... J'ai toujours trouvé ce sport compliqué. Aux antipodes de la simplicité de la marche.

Et puis, enfin, un jour, j'ai eu un déclic : la montagne en hiver, ça n'est pas réservé aux skieurs. On peut aussi randonner en raquettes. Par exemple. Du jour où je ne me suis plus astreinte à pratiquer le ski, ma vision de la montagne a changé. Elle n'était plus ce massif infranchissable source de contraintes ; elle devenait un lieu que je pouvais fréquenter en me faisant plaisir. Un lieu qui se méritait, certes. Qui s'apprivoisait. Il fallait que je modifie ma manière de voir. Ce n'est pas innocent si mon regard sur la montagne a changé alors même que je prenais mes distances avec le numérique : il me fallait absolument retrouver une approche de la nature débarrassée de tout ce qui pouvait la parasiter, la technologie en tête, la technique aussi. C'est ainsi que j'ai commencé à marcher dans la neige et, là encore, j'ai adoré. Découvrir le lac du Mont-Cenis en raquettes, c'est juste magnifique. Longer un sentier douanier et traverser des hameaux oubliés, recouverts d'un épais manteau neigeux, c'est impressionnant. Avancer en écoutant le silence de la neige qui tombe, c'est apaisant. Croiser des bouquetins ou des aigles et les observer aux jumelles, c'est beau. Tout simplement. J'ai découvert des paysages insoupçonnés, et éprouvé des sensations neuves.

Quand on aime, on ne compte pas : forcément, j'ai eu envie de prolonger ces plaisirs hivernaux en été, quand la montagne est à visage découvert, que ses pistes de ski deviennent d'innocents sentiers, que ses remontées sont figées et que seules les jambes peuvent nous emmener au sommet.

La montagne en été a toujours eu quelque chose de très exotique pour la résidente à altitude zéro que je suis. J'aime infiniment me perdre dans l'horizon marin, y plonger mes pensées, les teinter d'iode, pouvoir les modeler, les remodeler sur cette ligne continue. Mais avoir pour horizon un sommet, c'est antinomique. Ça propulse les pensées, ça les catapulte, les agite, les secoue. Il faut lever la tête, imaginer, se dépasser pour aller jusque «là-haut». Il faut adapter sa respiration, trouver un nouveau souffle. Il ne s'agit pas seulement d'avancer en marchant, il faut grimper, parfois escalader. On n'est pas seulement dans la durée, on est dans le plein et le délié, dans le dénivelé, dans le toujours changeant, qui ne tolère pour platitude que des lignes de crête. C'est une approche qui implique autant le mental que le physique. On peut tout projeter sur un horizon marin, tout imaginer : c'est la grande force des marches sur le littoral, cette immensité liquide à perte de vue, limpide. Mais une escapade en montagne est porteuse de secrets et d'opacité : un lac situé à 2300 mètres d'altitude, à la pureté sereine, que l'on découvre après deux heures de marche ; une marmotte à peine effarouchée sur le bord du chemin ; un passage périlleux avec une ligne de vie ; un concert de clarines improvisé au petit matin ; une cascade qui gronde à notre arrivée ; un cairn au passage d'un col... Au sommet, la vue est sensationnelle, au sens propre.

J'ai été complètement gagnée par la montagne. Je ne conçois plus de vacances sans elle, au moins un peu, été comme hiver. J'ai besoin de verticaliser mon horizon, d'y inscrire une ou deux excursions par an, pour mieux contempler le chemin parcouru. Prendre l'air, tout là-haut, un pied devant l'autre, avancer, lentement, sûrement, entamer une ascension, amorcer une descente. Avoir un but, se sentir libérée à 2 500 mètres après deux heures de marche, souffler en descente, y souffrir aussi dans certains passages très techniques. Et le soir, s'endormir du sommeil du juste.

Kilomètre 10

# Marche ou trail !

Quand on n'y a pas grandi ou vécu, la montagne est un univers qui ne livre pas facilement ses codes. Elle ne s'improvise pas. Elle m'a toujours fait forte impression. Je me souviens de ces récits passionnants mais parfois terrifiants, trouvés au hasard de la bibliothèque familiale lorsque j'étais enfant : la terrible chute de la cordée emmenée par Whymper au Cervin en 1865, l'Annapurna et les doigts gelés de Herzog en 1950, le drame des Grandes Jorasses de Desmaison en 1971, l'Everest de Pierre Mazeaud en 1978…

Toute excursion en montagne ne signifie pas partir à l'assaut d'un 8000, mais j'ai appris dans les livres qu'on ne s'aventure pas en direction des cimes comme sur les chemins de campagne. Les mots « chute » et « orage » ont particulièrement capté mon attention. Cette idée qu'en montagne la nature domine me plaît beaucoup, mais elle me freine aussi : je ne partirais pas à l'assaut des sentiers pentus comme j'ai l'habitude de le faire plus bas, chez moi, avec juste mon flair et ma curiosité en guise de GPS… Je n'ai pas envie de me perdre en montagne, parce que ça n'a ni la même signification qu'en plaine, ni les mêmes conséquences. On n'y flâne pas, on y randonne, et c'est ce qui en fait tout l'intérêt.

Pour découvrir la montagne sans me faire peur et en toute liberté, j'ai commencé à chercher des randonnées organisées. Mais surtout pas avec un guide, je veux pouvoir aller à mon rythme, parfois soutenu, et garder ma sacro-sainte liberté.

Les marches en montagne que je repérais sur des sites spécialisés étaient organisées dans le cadre de trails. Un trail, qu'est-ce que c'est ? Une course sur chemins ou sentiers (comme son nom anglais l'indique), souvent en montagne, pouvant dépasser les 100 kilomètres… mais aussi – heureusement pour moi – faire beaucoup moins. Une course sans artifice, en semi-autonomie, au milieu de la nature transformée en une cour de récré géante.

Participer à une randonnée qui était le versant lent d'un parcours rapide, la variante marchée d'itinéraires courus : j'ai trouvé assez séduisante cette mise en commun des deux allures, cette juxtaposition, sur un même sentier, de deux vitesses, de deux univers. J'y ai vu aussi l'opportunité de m'accoutumer à toutes ces données inconnues : l'altitude, la météo changeante, le dénivelé. Mais courir, non, jamais, quelle drôle d'idée.

C'est donc paradoxalement – ou pas – en cherchant à marcher que j'ai croisé le chemin de la course à pied.

J'ai jeté mon dévolu sur Val-Cenis pour ma première randonnée en montagne. J'ai une histoire un peu particulière avec cette station: d'abord, nous sommes nées la même année, ça crée des liens. Ensuite, j'y ai fait du ski pour la première fois, j'avais 10 ans. Quelques décennies plus tard, retour aux sources – gelées – en famille : c'est là que j'ai décidé de ne plus subir la neige, mais de l'affronter raquettes aux pieds. Alors quand j'ai vu qu'une randonnée était organisée en été en même temps qu'un trail, hop, inscription illico. Toutes les conditions étaient réunies pour que je ne me sente pas trop démunie face à la pente: j'aimais les lieux, l'ambiance, les paysages. Le parcours de 20 kilomètres emmenait les randonneurs jusqu'au col du mont Cenis avant de redescendre dans la vallée, avec 1 000 mètres de dénivelé positif et négatif. Des amis habitués de la montagne avaient eu beau me prévenir que c'était synonyme d'une bonne grimpette, cette donnée restait très abstraite pour moi. Après tout, 1000 mètres, ça n'est qu'un kilomètre. Je découvrirai, à mes dépens et à bout de souffle, que ça n'est pas tout à fait la même chose lorsqu'on parle de dénivelé…

La veille du départ, je suis passée retirer mon dossard. La salle communale était pleine de gens en short aux mollets saillants qui me semblaient bien plus habitués que les miens à gravir des côtes. J'entendais parler de frontale, de D+, de *pasta party*, d'entraînement, de crampes, de VMA, de crème Nok. Nous ne venions pas de la même planète. Je voulais juste voir de beaux paysages tout en me mettant un peu à l'épreuve. Je comprendrais plus tard que les traileurs aussi.

J'ai passé une nuit un peu agitée. J'étais sous tension alors qu'il n'y avait pas d'autre enjeu que de marcher, arpenter, découvrir. Ce que j'avais l'habitude de faire. Certes pas dans les mêmes conditions, mais il s'agissait toujours de mettre un pied devant l'autre.

À 8 heures le lendemain matin, toute la famille était mobilisée, prête à me déposer au front, d'autant plus motivée que le numéro de mon dossard correspondait à l'année de naissance de ma petite dernière. Après les encouragements de rigueur, mensongers mais pourtant tellement sincères («T'es la meilleure!»), j'ai été livrée à moi-même, au milieu d'une foule qui, sans vouloir tomber dans les clichés, était néanmoins bel et bien bigarrée : des jeunes, des vieux, des grands, des petits, des équipements techniques dernier cri Salomon, des t-shirts Kiabi, des pantalons, des shorts, des leggings, des jupes, des sacs à dos, pas de sacs à dos, des bâtons, pas de bâtons, des chaussures de rando, des baskets, des casquettes, des lunettes. J'étais rassurée de découvrir qu'il n'y avait pas de profil type. Personne ne pourrait soupçonner que j'étais une novice venue d'altitude zéro. Je me fondais aisément dans cette foule de sportifs. Le seul moyen de distinguer le randonneur du traileur, c'étaient les chaussures. Et ce jour-là, j'avais opté pour des baskets.

C'est une chose de marcher, c'en est une autre de prendre le départ dans un sas. L'événement avait d'emblée un parfum de compétition, un tantinet plus officiel que mes petites marches du dimanche matin. On changeait de registre, même si l'ambiance restait conviviale. Des barrières, un speaker qui chauffait l'atmosphère, de la musique et une grande arche gonflable en guise de ligne de départ : on était aussi là pour se dépasser. Un quart d'heure avant le départ, nous – les randonneurs, dossards violets, sans contrainte horaire, et les traileurs, dossards verts – avons été invités à prendre place dans le sas. Marcheurs et coureurs réunis, encore un bon point.

Quand le top départ a été donné, j'ai vu assez vite des traileurs s'arrêter de courir pour marcher. À leur décharge, le chemin qui montait allegro dans la forêt ne laissait aucun répit aux muscles. Un sport de course où on a le droit de marcher : j'ai d'emblée été séduite.

Plus j'avançais, plus j'avais le souffle coupé : pas tant parce que c'était dur physiquement, mais surtout parce que le parcours était tout simplement magnifique, avec ses cascades, ses bergeries isolées, ses alpages avec vue plongeante et ses sentiers à peine tracés. La pensée que certains couraient sur les pentes où je m'essoufflais en marchant a eu chez moi des vertus galvanisantes.

Souvent, je me mettais sur le côté pour laisser passer les traileurs des parcours plus longs partis plus tôt, qui rejoignaient nos traces. Et la plupart d'entre eux disaient merci ! Ces gars et ces filles couraient depuis des heures, des kilomètres, et ils avaient encore la force d'être polis ! Décidément, le trail marquait encore des points dans mon esprit.

Et puis à un moment donné, l'euphorie des endorphines, la beauté des lieux et l'émulation aidant, je me suis laissé porter par cette ambiance sportive à 2300 mètres... et j'ai eu envie d'accélérer moi aussi. Après tout, si les traileurs marchaient parfois, je ne voyais pas pourquoi m'interdire de courir. D'essayer un nouveau rythme. À la faveur d'un sentier un peu plus large, sans trop de dénivelé, mes pieds ont commencé à quitter le sol. J'ai d'abord trottiné. J'avais beau être fatiguée par les kilomètres parcourus, j'avais encore de la ressource. C'était une sensation nouvelle pour moi. J'étais la première étonnée. Je courais, puis je marchais, et inversement. Je m'adaptais à l'environnement, à mes capacités. Je modulais. J'étais dans la fluidité, j'étais connectée avec la nature et avec moi-même. La tête et les jambes à l'unisson pour des souvenirs grandeur nature. Et j'ai aimé ça ! J'ai aimé courir, là-haut, sur ces sentiers en balcon. Le buste redressé, l'œil aux aguets pour éviter les obstacles, les bras en équilibre, les genoux vaillants. Est-ce que ça n'était pas ça, la vraie liberté ? S'affranchir d'une allure, faire corps avec l'environnement. J'étais partie pour découvrir la montagne et je me suis découverte moi-même.

Kilomètre 11

# Ainsi vint l'endurance

J'ai vécu pendant plusieurs années avec cette sensation que ma vie numérique me grignotait de plus en plus. Jamais je n'aurais cru qu'elle me pousserait à courir, moi qui détestais ça… C'est pourtant le constat que je dresse : le besoin de grand air et de liberté a balayé tous mes mauvais souvenirs de course à pied, il a remisé au placard tous mes a priori, il a même gommé ma nullité absolue dans ce sport. Sacrée performance, qui laisserait pantois mes anciens profs de gym.

Sans pression, sans l'avoir planifié, je suis devenue une randonneuse qui court. Le changement d'allure s'est fait de manière spontanée. Pour autant, courir reste un vrai challenge. C'était une activité pénible pour la collégienne que j'étais, et ça l'est toujours. Mais aujourd'hui, j'ai envie de courir. De tracer dans les bois, dans les sentiers, de me mettre à l'épreuve, de transpirer, d'aller vite, moins vite, de rester libre, de sortir des carcans. C'est l'intérêt du trail tel que j'y ai goûté : la marche y est tolérée, voire indispensable dans certains passages (du moins pour le commun des mortels comme moi). Ce mélange de physique et de mental donne à cette activité toute sa subtilité.

Les sensations que j'éprouve sur un trail sont profondes. Authentiques. Tout le contraire d'un like, plaisir éphémère par excellence. Dans le trail amateur, le trail que je pratique un peu – vraiment très très amateur –, les émotions sont à la hauteur des dénivelés parcourus, des efforts consentis. Je me souviens de tous les sentiments que j'ai éprouvés pendant les courses. Je garde en bonne place les moments les plus durs, ceux où j'ai été à deux doigts de m'asseoir sur le côté et de regarder les autres passer tant j'étais exténuée; j'ai su les surmonter, ne pas les laisser m'envahir, et j'en ai tiré une force que je ne soupçonnais pas. Je me souviens que j'ai parfois lutté constamment pour ne pas abandonner, que j'ai usé de tous les stratagèmes pour avancer, et que j'en suis ressortie fière de moi, redressée, gonflée de ma propre reconnaissance, plus constructive encore que celle d'autrui, et bien plus profonde que celle à laquelle on peut avoir accès en ligne.

La notion de plaisir en trail est liée à l'intensité des difficultés surmontées. Pour moi, 13 kilomètres en montagne constituent une apothéose. Pour certains, il en faut 100 de plus. Mais à l'arrivée, la joie est la même. Il suffit de regarder le visage des derniers arrivants lors d'ultra-trails (80 kilomètres ou plus), comme l'UTMB à Chamonix ou la Diagonale des fous sur l'île de la Réunion : on y lit un mélange très touchant d'épuisement, de soulagement, d'incrédulité et de bonheur qui témoigne de la profondeur des ressentis.

Le plaisir vient de notre capacité à faire taire, plus ou moins efficacement, toutes ces petites voix qui nous susurrent de manière lancinante, pendant des kilomètres : «Arrête-toi, c'est trop dur», «Arrête-toi, tu ne vas pas y arriver», «Arrête-toi, tu n'en peux plus», «Arrête-toi, tu as mal». C'est ce que j'ai appris en courant : à ne pas écouter ces plaintes intérieures. Comment? En pensant à la ligne d'arrivée. À tout le bonheur qui m'attend devant, et à tous les obstacles que je laisse derrière. Aux jambes lourdes qui vont devenir si légères. Aux souvenirs que je suis en train de me forger. Au t-shirt de finisher que je serai fière de porter pour tout ce qu'il symbolise. À l'envie de rendre mes enfants fiers de leur mère. Il m'aura donc fallu attendre d'avoir 50 ans pour découvrir que je pouvais être endurante. Et comprendre que contrairement à ce que je m'imaginais depuis mes performances calamiteuses pendant les cross du collège, j'étais moi aussi capable de courir plus de vingt minutes d'affilée. Que ça s'apprenait. Que ça se travaillait. Et qu'on pouvait même y trouver matière à satisfaction.

« Durant les courses de fond, le seul adversaire que l'on doit vaincre, c'est soi, le soi qui traîne tout son passé », écrit Murakami dans son *Autoportrait de l'auteur en coureur de fond*[6]. C'est, je crois, le propre de tous ceux qui se mettent au trail, et au running en général : cette envie de ressentir des sensations fortes, profondes. De se dépasser, de lutter contre soi et avec soi. Cette envie, aussi, dès qu'une course est terminée, de s'inscrire à la prochaine : trouver un nouveau parcours, de nouvelles sensations, remettre un dossard, se mesurer à soi-même, essayer de progresser. Avec, toujours, un objectif en tête. C'est le lot de tous ceux qui prennent goût à la course.

Quand je cours, je n'ai aucune envie de dépasser les autres participants, j'ai juste envie de me dépasser moi-même. D'être finisher. Et si possible de ne pas terminer dernière, question d'amour-propre. Je n'ai pas les capacités physiques – mais vraiment pas – qui me permettraient de prétendre « faire un temps ». C'est là toute la magie du trail : avec un bon entraînement, chacun peut s'y mettre, même sans faire partie de l'élite, même sans être un cador, même en ayant passé le cap de la cinquantaine et malgré un très mince passif sportif…

---

6 Haruki Murakami, *Autoportrait de l'auteur en coureur de fond*, Paris, Belfond, 2009.

chacun peut y trouver son compte en allant au bout du chemin, en accomplissant son objectif. Plus formidable encore, qu'il s'agisse des champions ou du *vulgum pecus*, tous les participants d'un trail reviennent avec des sensations fortes, des souvenirs puissants. Et ce, juste en enfilant des baskets.

Pause ravito

# Une tranche de fartlek

«Le fartlek est un exercice d'entraînement sportif. Il consiste à alterner des phases de sprint anaérobie et des phases calmes aérobie. Développé pour l'entraînement de la course de fond et de demi-fond, le fartlek est aussi utilisé lors d'entraînement d'apnée où le sprint est remplacé par une phase anaérobie en apnée.» Merci Wikipédia pour la définition. Dit comme ça, le fartlek a l'air particulièrement technique et abscons. Dans les faits, je l'ai pratiqué avant même de savoir qu'il existait. Parce que en réalité, cette technique consiste simplement à varier son allure, en alternant phases d'accélération et phases plus calmes. Au feeling. Du moins, je le vis ainsi. Je ne me chronomètre pas, j'y vais en fonction de ma forme, de ma motivation. De mes objectifs aussi, si j'ai une course en ligne de mire, pour être mieux préparée. J'accélère, je récupère, j'accélère, je récupère, je cours normalement, et ainsi de suite. Avec à l'arrivée un bon décapage. C'est en lisant des revues spécialisées que j'ai découvert l'existence du fartlek. Je n'imaginais pas que cette pratique avait été théorisée. Et pourtant si. On la doit à un athlète suédois, Gösta Holmer, qui l'a développée dans les années 1960. Le fartlek signifie littéralement «jeu de vitesse» ; évidemment, c'est surtout l'aspect ludique qui me plaît. Grâce à lui, les séances de running passent plus vite, sont moins monotones et plus intenses. Il permet de se préparer efficacement pour une course, sans s'en rendre compte. Et surtout, toujours, de rester libre de son allure.

Kilomètre 12

# La Barkley, pour les ultra-humains

«La course la plus dure au monde», «*The race that eats its young*». Le ton est donné: la Barkley est une mangeuse d'hommes. La première édition de cet ultra-trail incroyable a eu lieu en 1986; depuis, sur le millier de participants, seuls 18 l'ont terminée. Cela donne une idée de son degré de difficulté. C'est en surfant de-ci de-là – la fameuse sérendipité – à la recherche d'informations sur le trail et sa culture que j'ai découvert un reportage sur la Barkley, et comme beaucoup, j'ai été d'emblée totalement captivée par cette course hors catégorie, ce défi fou à l'endurance humaine : 160 kilomètres (théoriques... mais plutôt 200 semble-t-il), 18 000 mètres de dénivelé dont une bonne partie dans les ronces, à parcourir en cinq boucles de douze heures maximum chacune. Et tout ça, en totale autonomie : pas de balisage, pas de chemin tracé, pas de ravitaillement en cours de route (à l'exception de deux points d'eau), et surtout – ce qui n'a pas manqué d'attirer mon attention –, pas de téléphone. Pas de GPS. Pendant soixante longues heures – pour les surhommes qui réussissent à boucler les cinq tours dans le temps imparti –, il faut compter sur soi, et seulement sur soi, pour réussir à survivre dans cette nature hostile : c'est-à-dire sur son endurance, sa résistance, sa forme physique, son sens de l'orientation, de l'observation et, un peu aussi, de la stratégie. La course a lieu dans le parc de Frozen Head, qui abrite certaines des plus hautes montagnes du Tennessee.

S'inscrire à la Barkley, déjà, relève du parcours du combattant. S'y inscrire, ou plutôt faire acte de candidature : ne s'y lance pas qui veut (heureusement, étant donné la difficulté), simplement en cliquant sur un site, comme c'est le cas pour la plupart des trails. Pas de site Internet officiel, mais une adresse mail à dénicher en fouillant un peu, celle du créateur de la course, l'énigmatique Lazarus Lake, de son vrai nom Gary Cantrell, qui sélectionne tous les ans une quarantaine de candidats parmi un millier de postulants. Ses critères mêlent apparemment endurance extrême et humour noir. Il y a tout un récit autour de la Barkley – à l'origine de la course, un prisonnier célèbre, l'assassin de Martin Luther King, qui s'échappe et se perd dans les montagnes du Tennessee ; une lettre de condoléances en guise de réponse positive à une candidature ; une cigarette allumée pour le top départ ; des plaques d'immatriculation amenées par les participants ; des pages de livres disséminées sur le parcours… – qui contribue à en faire un ultra-trail vraiment à part.

Mais ce qui m'a fascinée par-dessus tout, et continue de me fasciner, c'est cette absence totale de technologie. Les seuls outils sur lesquels les candidats peuvent compter sont une boussole et une carte. « À la Barkley, on fournit un lieu et on le rend raisonnablement sûr. Le reste, c'est entre vous, la montagne, et cette petite voix intérieure qui vous dit : "Maman, c'est trop dur, je veux abandonner" », résume « Laz ». La Barkley, c'est la mise à l'épreuve de l'humain face à la nature dans ce qu'elle a d'indompté. Toute une partie de la course se fait en effet sans tracé, c'est-à-dire qu'il revient à chacun de défricher sa route, généralement dans les ronces et à la verticale. Beaucoup de témoignages de coureurs font état de passages tellement abrupts qu'ils s'apparentent davantage à de l'escalade qu'à du trail.

Une tactique des premiers venus (les *virgins* en langage Barkley) consiste à tenter de suivre les pas d'un vétéran (un coureur qui a déjà participé à la course). Sans cette transmission, sans cette expérience à suivre, point, ou guère, de salut possible. L'homme est peu de chose face à la nature, et il l'est encore moins sans une forme de solidarité.

Il n'est donc pas étonnant que les finishers de la Barkley soient des gens incroyablement humbles. Jared Campbell, qui a réussi l'exploit de terminer trois fois cette épreuve (en 2012, 2014 et 2016), analyse sur son blog les mécanismes de cette course *low tech* : « Le fait de proposer un mode d'inscription obscur, de limiter volontairement les informations sur la course et de laisser les participants décider par eux-mêmes du meilleur équipement a pour conséquence des coureurs qui arrivent bien préparés, ayant fait leurs "devoirs" et équipés pour toutes les conditions[7]. » À l'opposé des courses actuelles, qui listent l'équipement obligatoire, suivent les coureurs à l'aide d'une puce et disposent d'une aide médicale. (Et tant mieux pour la plupart d'entre nous !)

Il continue : « L'absence de balisage implique que les participants ont étudié la carte, compris les systèmes de drainage [pour franchir certains obstacles] et ont travaillé leur sens de l'orientation. Ils ont passé tant de temps et d'énergie pour simplement être sur la ligne de départ qu'ils réalisent combien ce serait stupide de ruiner leurs efforts en négligeant des aspects qu'ils peuvent contrôler. Il est intéressant de constater que la

---

7 « Barkley 2016 – Act 4 (the Guide) », Jared Campbell's Blog, 16 avril 2016, https://door5.com/2016/04/16/barkley-2016-act-4-the-guide/

conséquence du manque d'infrastructure [sur la Barkley] conduit exactement au même résultat que pour les courses offrant de grosses infrastructures, à savoir, que tous les coureurs s'en sortiront bien, en exploitant toutes leurs capacités. » Je n'ai pas pu m'empêcher de rapprocher ces propos de Jared Campbell de notre propension croissante à déléguer une partie de nos compétences à nos ordinateurs de poche, comme c'est le cas avec l'orientation par GPS. L'ultra-finisher invite tous ceux qui voudraient se lancer dans l'aventure de la Barkley à « appuyer sur le bouton "enregistrer" » de leur cerveau et à « garder les yeux grands ouverts ».

Jamais je ne pourrais participer à une telle course, je n'en ai ni les capacités ni l'envie. J'apprécie pleinement les trails organisés, avec des ravitos, une assistance, des bénévoles, des serre-files, et surtout un parcours balisé. Ils permettent à des gens comme moi de se dépasser, de s'offrir un moment de frisson, et des souvenirs si forts qu'ils nous imprègnent pour longtemps. Mais je trouve essentiel que des courses comme la Barkley aient lieu, pour nous rappeler qu'on peut encore faire face à la nature simplement par nous-mêmes, sans artifices, mais avec beaucoup de préparation.

Kilomètre 13

# À pas comptés

Quand j'ai commencé à randonner pour mieux déconnecter, et inversement, j'avais un iPhone 4, déjà largement dépassé par le 5, puis le 6, et ainsi de suite... Mais j'avais décidé d'entrer en résistance : l'obsolescence programmée ne passerait pas par moi.

Je suis pourtant, quelque part, redevable à Steve Jobs de mes premiers face-à-face sereins avec l'informatique. Après avoir rédigé mes articles de journaliste débutante sur des PC et m'être perdue dans les méandres de MS-DOS et de ses commandes incorrectes, j'ai découvert avec soulagement la simplicité intuitive des interfaces Apple, pour ne plus les quitter.

Je l'avoue, quand j'ai appris la mort de Steve Jobs en 2011 (alors que je traînais sur Twitter), j'ai été touchée. Qu'on le veuille ou non, il a changé la vie de millions de gens, dont la mienne.

Pour autant, être obligée de renouveler tout ou partie de son matériel tous les ans, ou presque, parce que la technologie évolue, a un côté très agaçant, et renforce ce désagréable sentiment de dépendance aux objets. J'ai ainsi vu mon bon vieil iPhone 4 peiner de plus en plus face à la charge de données que je lui confiais. Il était de plus en plus bridé, Apple ayant décidé que son système d'exploitation serait figé pour toujours sur iOS 7, quand ses successeurs tournaient allègrement sous iOS 8 et compagnie. Au fil des mois, mon iPhone est revenu à sa fonction de base, celle qui, au final, me servait le moins mais restait la plus utile : faire office de téléphone. Même prendre des photos devenait compliqué. Ça n'était certainement pas l'effet recherché par Apple, mais cette obsolescence programmée a contribué à mon détachement progressif de cet objet qui m'avait plongée dans le grand bain numérique.

Parallèlement, j'ai commencé à marcher. Un peu, beaucoup, passionnément. Au début, mes marches étaient tout simplement libératrices, je goûtais cette sensation si agréable de me vider la tête. Comme si j'avais ouvert une fenêtre, par laquelle s'échappait toute cette pollution numérique qui m'obstruait l'esprit. Je ne pensais à rien, juste à respirer, regarder, avancer. Je marchais au feeling. Mon seul repère était horaire, pas kilométrique. Je savais combien de temps je partais, à peu près, mais n'avais qu'une vague idée de ce que cela représentait comme distance. Puis lorsque j'ai commencé à m'inscrire à des randos ici et là, je me suis rendu compte que je ne savais pas du tout dans quelle fourchette je me plaçais. L'idée de cerner un peu mieux mes capacités a commencé à me traverser l'esprit. Juste pour me situer.

C'est ainsi que j'ai effectué mon premier *come-back* vers un geste connecté, mon premier retour vers l'iPhone : installer une appli qui traque mes activités. Dit de la sorte, c'est brutal, et antinomique avec ce que je fuyais. «Trackers d'activité», c'est ainsi que se présentent ces applis issues du *quantified self*, ce courant qui propose, via les outils numériques, de documenter notre vie d'un point de vue quantitatif, en enregistrant des données tous azimuts afin de mieux la mesurer. «La connaissance de soi à travers la traçabilité de soi», selon la définition de ses propagateurs, deux journalistes de *Wired*, revue américaine consacrée aux nouvelles technologies.

J'ai eu moi aussi envie de mesurer mes allées et venues, parce que j'ai eu besoin de repères à un moment, de trouver un nouvel élan dans la reconquête de ma vie. Pour me mesurer à moi-même, il fallait commencer par me mesurer tout court.

J'ai assez vite renoncé à utiliser l'iPhone 4 pour cette nouvelle aventure – trop de bugs dans l'installation d'applications dédiées. Et surtout, cela me ramenait à la situation que je voulais fuir initialement, avoir l'œil rivé à mon smartphone en pleine nature. Relier mes balades en plein air à Internet pour savoir où j'en étais : ce geste me paraissait aberrant, je voulais absolument préserver ces parenthèses vertes de toute interférence avec un autre univers. Je n'avais aucune envie de déconnecter mon cerveau du paysage qui m'entourait. Mais je souhaitais tout de même savoir quelles distances je parcourais, histoire de prendre conscience de mon activité physique, de me la représenter de façon plus précise. Voilà comment j'ai investi dans mon premier «bracelet d'activité» et réintroduit un peu de technologie dans ma (dé)marche.

Ce type de bracelet intègre des capteurs qui enregistrent les mouvements du corps. Le soir venu, il restitue plus ou moins fidèlement la journée résumée en chiffres : nombre de pas, avec petit message de joie quand la barre des 10000 est franchie, distance parcourue, rythme cardiaque, nombre d'étages gravis, calories dépensées, etc. La montre que j'avais choisie était couplée à une application très encourageante : plus j'accumulais de kilomètres au fil des semaines, plus j'obtenais de récompenses virtuelles. Au bout de six mois, j'ai reçu le badge «Nouvelle-Zélande», correspondant à plus de 1 500 kilomètres parcourus – la longueur de l'archipel.

Évidemment, c'est flatteur. J'ai ainsi remis un pied dans le numérique en succombant aux sirènes de la «gamification». Ce procédé, en instillant du ludique là où on n'en attend pas – exemple : quantifier ses pas –, donne à ses utilisateurs une motivation supplémentaire. Un circuit de la récompense parallèle... Et ça marche, dans tous les sens du terme : en utilisant les données de cette montre, j'ai eu le sentiment de me déplacer plus vite qu'hier, mais moins vite que demain. D'être dans un entre-deux physique qui ne pouvait que s'améliorer. À condition de ne pas lâcher l'affaire d'une semelle et de continuer à marcher, marcher, marcher, puis courir, courir, courir... Cette montre «traqueuse d'activité» a participé à l'instillation d'une dimension sportive dans mes sorties au grand air. Elle a participé à ce mouvement qui m'a incitée à aller un peu plus vite, et à devenir une randonneuse qui court. Cette prise en main de soi a un côté rassurant. Elle a renforcé mon impression de maîtriser ma forme physique et d'en être l'actrice, comme si je pouvais, à la force de mon poignet et de ma volonté, m'affranchir de certains facteurs, comme l'environnement ou... mon âge. Et le résultat est là, au moins concernant l'âge : je suis en progrès constant, ce qui me donne l'illusion d'avoir réussi à inverser la courbe descendante sur laquelle on peut avoir le sentiment de commencer à glisser une fois un certain cap dépassé.

J'ai investi dans une montre plus complète, adaptée au running, qui m'a permis de traduire en chiffres des sensations. Et plus ces chiffres augmentent, plus les sensations sont fortes, ou à tout le moins satisfaisantes. Jeter un œil sur ma montre en fin d'effort me procure en effet une grande satisfaction. Voir les kilomètres parcourus s'afficher participe pleinement à mon envie d'avancer. Pendant l'effort, c'est à double tranchant : si l'allure est conforme à ce que j'espérais, c'est un booster. S'il me reste davantage de kilomètres à parcourir que ce que j'imaginais, la déception alourdit parfois la foulée.

Je n'ai cependant jamais eu envie de partager le résultat de mes entraînements sur les réseaux sociaux, comme beaucoup le font. Je n'ai jamais trouvé de motivation dans la comparaison, surtout en matière de sport. Mon seul point de comparaison, c'est moi. Je ne suis pas dans la compétition. Seule ma progression personnelle m'intéresse, et c'est très précisément ce à quoi me sert ma montre. Je trouve très pratique et encourageant de savoir que j'ai parcouru tant de kilomètres dans la semaine. Mais je vois aussi les limites : aller vers le toujours plus. Ne plus pouvoir s'arrêter. Vouloir se dépasser sans arrêt, et s'épuiser; aller au-delà de ce que notre corps peut endurer. Il faut avoir conscience que le port d'un bracelet ou d'une montre de sport peut conduire à de telles exagérations, et confiner parfois à l'addiction. Je l'ai réalisé un soir où je me suis surprise à faire le tour du pâté de maison… dans le seul but d'obtenir les 2000 pas qui me manquaient avant d'atteindre le graal des 10000 ! En rentrant, le ridicule de la situation m'a heureusement sauté aux yeux.

Les utilisateurs de ce type de montre ont un coach au poignet qui peut se montrer parfois très incitatif, et avec lequel il faut très vite prendre ses distances sous peine de tomber dans une forme de servitude volontaire : ne pas se laisser submerger par les injonctions

(«Vous n'avez pas bougé depuis deux heures») et rester maître de ses pas.

Se pose également une question cruciale : que deviennent nos données ? Le nombre de pas ou de kilomètres parcourus peut sembler anodin mais ne l'est pas, comme le souligne un rapport de la CNIL sur le corps connecté[8]. Ce rapport relaie notamment une étude menée en 2013 par Privacy Rights Clearinghouse[9], une association américaine de défense de la vie privée : sur 43 applications mobiles de santé et fitness qui avaient été testées, une grande majorité d'entre elles n'offrait pas les protections suffisantes pour garantir la confidentialité des données de leurs utilisateurs. Sont particulièrement soulignés dans cette étude les défauts de sécurisation des communications (non chiffrées), le partage d'informations personnelles avec des annonceurs et l'envoi de données, bien qu'«agrégées», susceptibles de permettre une réidentification des utilisateurs... Se mesurer, mais avec mesure.

8 https://www.cnil.fr/sites/default/files/typo/document/CNIL_CAHIERS_IP2_WEB.pdf

9 Privacy Rights Clearinghouse, *Mobile Health and Fitness Apps: What Are the Privacy Risks?*, 2013, https://www.privacyrights.org/consumer-guides/mobile-health-and-fitness-apps-what-are-privacy-risks

Kilomètre 14

# Des pieds, des roues, des palmes

Marcher, c'est bien. Courir, c'est mieux. Mais c'est ennuyeux. Ou bien ça ne va pas assez vite parfois. Enfin, moi je ne vais pas très vite en tous cas. Dans ma quête de reconnexion au grand air, j'ai rapidement compris qu'il me faudrait varier les plaisirs si je voulais voir du paysage. Alors au point de forme où j'en étais, j'ai fait un autre truc un peu fou à mon échelle : j'ai ressorti mon vélo. Pourtant, dans la série «manque de motivation», mon vélo se pose là. J'aime bien pédaler mais dans des conditions très spécifiques : par beau temps (pas trop chaud cependant), sans pluie, surtout sans vent, et uniquement sur du plat. Plus jeune, j'en ai fait beaucoup, ces deux roues étant le seul moyen de locomotion – avec mes deux pieds – qui m'offrait une certaine autonomie. Mais l'âge adulte venu, j'ai rangé mon vélo dans mes souvenirs et je n'y ai plus touché. Jusqu'à cette matinée de printemps, belle, fraîche, où je me sentais suffisamment inspirée pour aller flâner autour d'un lac pas très loin de chez moi mais pas tout près non plus, et où je ne disposais que d'une heure pour vadrouiller au lever du soleil. Cruel dilemme. C'est là où l'option vélo m'est apparue comme la solution à mes tergiversations matutinales. Et mon corps a validé ce choix rationnel en me susurrant : «Pourquoi pas, maintenant que tu as des muscles et du souffle ?!» OK, banco, validé. J'ai donc exhumé de la remise et de mes souvenirs mon VTC, je l'ai gonflé en même temps que ma motivation, et je suis partie, cheveux au vent et sourire aux lèvres, à l'assaut des petits chemins en version cycliste. Et quelle ne fut pas ma surprise de trouver ça chouette, la bicyclette. Après tous ces mois passés en compagnie de mes baskets, l'effort à faire pour pédaler m'est apparu moins intense que ce que je m'étais imaginé. Surtout, j'ai pu partir à la découverte d'endroits où je ne me serais pas risquée à pied, parce qu'accessibles via des routes où les piétons ne sont pas forcément les bienvenus.

Ce n'est pas le moindre des avantages de mon éloignement des écrans : grâce à celui-ci, j'ai renoué avec la liberté à deux roues, pleinement en connexion avec l'environnement. La sensation de nouveauté (et la nouveauté des sensations), que je n'imaginais possible que dans la poursuite de mes errances numériques, pouvait donc encore venir du vieux monde qui m'entourait, voire d'outils aussi centenaires et rudimentaires que le vélo...

J'ai d'autant plus apprécié cette redécouverte que, au fil du pédalage, l'esprit est libéré de ses contraintes ordinaires, comme allégé : l'attention s'ancre dans l'instant et dans le concret parce qu'elle est focalisée sur la sécurité et l'orientation. C'est un autre rapport au temps présent, plus pragmatique, plus direct, s'inscrivant dans une continuité, qui se met en place. En courant ou en marchant, l'esprit peut s'évader, papillonner, aller et venir vers différentes pensées tandis que le corps se met en pilote automatique. À vélo, il faut garder le cap : cela s'avère paradoxalement très reposant. «Il faut avancer pour ne pas perdre l'équilibre», disait Einstein en comparant la vie à la bicyclette.

J'ai fait des balades à vélo au parcours imprévu, simplement guidée par mon instinct et ma curiosité. Il m'arrive parfois de partir le matin sans idée très précise de trajet, et de revenir 30 kilomètres plus tard la tête et les jambes repues de nouvelles routes et de nouveaux paysages.

Une fois le vélo dépoussiéré, j'ai pris conscience que j'avais franchi un cap et que j'avais atteint des rivages où je ne pensais pas pouvoir poser les pieds un jour. J'ai eu comme l'impression d'avoir basculé dans une nouvelle dimension, sans expédients ni artifices, uniquement grâce à mon désir de renouer avec le réel. J'avais repris possession de mon corps et je me sentais pousser des ailes. Ou plutôt des palmes : dans ma quête de fluidité, je me suis remise à nager. J'ai quitté les paysages extérieurs pour plonger vers les paysages intérieurs. La tête sous l'eau, le corps tendu, j'ai commencé tranquillement : dix, vingt, trente, quarante longueurs, avec toujours ce bien-être intense de baigner dans un univers réellement fluide, de se laisser porter, d'avancer en flottant. Tout est différent dans l'eau, tellement plus léger. Pas de paysage à contempler, mais des sensations limpides. Et pour le coup, une déconnexion pas seulement dans la tête : impossible d'emporter un smartphone dans l'eau.

Le jour où j'ai ajouté les palmes, j'ai encore gagné en sensations – moins d'efforts pour plus de fluidité. Quand j'enfilais mon maillot, je devenais la reine de la piscine : à moi les longueurs, ne m'arrêtant que par ennui profond passé les quatre-vingts, et non par fatigue ou essoufflement. Grâce à ces deux prothèses en plastique, j'avais l'impression d'avoir un turbo greffé aux pieds. Dans ma tête aussi un changement s'opérait : je me sentais devenir sportive.

Kilomètre 15

# La mue

Parfois, quand je rencontre des amis que je n'ai pas vus depuis longtemps, ils constatent que quelque chose a changé chez moi, mais ne savent pas dire quoi précisément. Quand j'explique d'un air détaché que je fais du sport, l'incrédulité est grande étant donné mon passif. Puis quand je parle de trail, je lis la stupéfaction dans leurs yeux, et je devine qu'ils se demandent s'ils ont bien affaire à la même personne, celle qui rédigeait ses articles en mangeant des Granola devant son ordinateur, le smartphone à portée de main. Tout arrive, même le quinoa.

Il est vrai que tous ces mois au grand air ont laissé des traces. La déconnexion, ça paye. Premier effet visible : j'ai perdu du poids. Jamais de ma vie je n'ai pu suivre un régime quel qu'il soit. Ça m'a toujours profondément ennuyée. Je n'en ai jamais vraiment eu besoin non plus. Mais toutes ces années de sédentarité avaient fini par laisser les kilos s'installer tranquillement. D'après mon miroir et mon entourage, il semblerait que ces kilogrammes en trop se soient évaporés au fil des kilomètres. Ce n'était pas le but recherché, mais c'est une cerise qui donne un goût inattendu – et délicieux – au gâteau.

Rien ne se perd, rien ne se crée, tout (ou presque) se transforme… en muscles. Un truc assez neuf chez moi, que je n'avais pas encore vraiment expérimenté. Il a fallu que j'entre dans ma sixième décennie pour me rendre compte que cette chose étrange était accessible à tout le monde, y compris aux gens de peu de sport comme moi, à la seule condition qu'ils se remuent. Ce fut une découverte stimulante. Elle m'a ouvert les portes d'un monde inédit, fait d'endurance et d'une certaine discipline. Je ne cours pas tous les jours, mais je m'organise pour faire une place dans mon emploi du temps, où que je sois, à une marche plus ou moins longue, ou a minima pour prendre l'air d'une manière ou d'une autre, qu'il pleuve, qu'il neige, qu'il vente.

Ma garde-robe s'en est ressentie... Les leggings stretch ont commencé à s'entasser dans l'armoire à côté des jeans. J'ai très vite accordé beaucoup d'importance au choix des chaussures de sport, ayant constaté qu'elles étaient des alliées indispensables à mon nouveau mode de vie. Je me suis surprise à consulter des sites et des magazines spécialisés, à me ruer sur les derniers tests de matériel, à devenir imbattable sur le drop, le mesh, la tige, la semelle et tous les composants d'une basket, ce qui m'a changée de la lecture de *Wired*. Ma reconquête corporelle a également eu raison de mon parfum, auquel j'étais pourtant d'une fidélité absolue depuis mes 20 ans. Je suis passée d'une fragrance épicée à une fragrance tonique et fraîche. Ce changement n'est pas si anodin qu'il en a l'air. L'odorat est un sens très particulier, vecteur d'émotions sensibles, et le parfum est une signature qui parachève une personnalité.

Mais la transformation la plus notable a concerné mon assiette. J'ai effectué sans le savoir vraiment, sans l'avoir programmé ou pensé, un «rééquilibrage alimentaire» : je suis passée de la *finger food*, celle qu'on peut manger avec les doigts, rapidement, devant un écran, sans bouger, à ce que j'ai appelé ma *foot food*, celle que me réclamait désormais mon corps devenu un peu plus exigeant. Progressivement, les fruits et les légumes ont été de plus en plus nombreux dans les plats que je préparais, j'ai diminué par goût ma consommation de viande, j'ai parfois succombé à la mode des « super-aliments » – censés booster notre immunité ou retarder notre vieillissement. J'ai accordé une importance croissante à la provenance – locale, forcément locale – et à la saisonnalité des aliments, en me souvenant que c'était ainsi que j'avais été élevée, et que cela m'avait plutôt été favorable. Je suis devenue pain complet, légumes bio et poulet fermier...

Mes goûts ont changé, et mon attention portée à l'environnement aussi. À force de traîner mes baskets en pleine nature, de courir en forêt, de randonner en montagne, de marcher en bord de mer, de humer l'air de la campagne à vélo, il m'a semblé de plus en plus essentiel non seulement de respecter toute cette faune et cette flore qui peuplent les paysages, mais de tenter également de les protéger. Je pense à ces animaux et ces fleurs que je croise de moins en moins, alors que j'ai grandi avec eux et que leur présence me semblait éternelle : les abeilles, les marguerites, les coquelicots, les chardonnerets, les hirondelles, les papillons, les libellules… J'essaie de mettre en place, à mon échelle, des gestes et un mode de vie plus sains, en particulier en pensant à mes enfants : priorité au bio local, déchets limités au maximum, attention portée à la consommation d'eau, ou encore utilisation de produits nettoyants naturels. Rien de révolutionnaire, mais une prise de conscience.

Je ramasse le moindre bout de papier ou de plastique par terre, dans la campagne ou en bord de mer. Je suis effarée par tous ces intrus en polymère et autres matières non dégradables échoués sur les galets les jours de tempête, ramenés par les vagues, souvent après avoir été jetés par-dessus bord : gels douche belges, tubes de mayonnaise hollandais, bouteilles d'eau allemandes, gobelets français ou semelles… internationales, ayant tous au passage intoxiqué les hôtes des eaux marines. Je ne suis pas écolo dans l'âme, mais en réinvestissant le monde qui m'entoure, je le suis devenue.

Kilomètre 16

# Peut-on échapper à son âge ?

Sur Twitter, je n'avais pas d'âge. Du moins, j'avais l'âge de mes écrits. C'est un avantage. Le mode de fonctionnement de ce réseau social, basé sur l'instant, limité dans son nombre de caractères, encourage la *punchline* et l'émotion au détriment de la réflexion et du débat, et favorise ce faisant les regroupements par affinités. À moins bien sûr d'être un troll dans l'âme.

Quand je me suis inscrite en 2009, mes premiers échanges se sont faits avec des gens ayant a priori un profil similaire au mien, plutôt dans la presse ou ayant créé des blogs, et s'intéressant à la manière dont le numérique irriguait nos vies. C'était une petite communauté, qui souvent, tout comme moi, découvrait Twitter, et tweetait sur des thématiques proches. À la même époque, les plus jeunes s'engouffraient sur Facebook à la chasse aux amis, la plupart du temps sans en avertir leurs parents, qui parfois ignoraient encore l'existence de ce réseau, ou en tous cas n'y avaient jamais jeté un œil. Ces deux mondes, Facebook et Twitter, évoluaient en parallèle, avec d'un côté un univers peuplé d'ados en quête d'émancipation, et de l'autre des adultes, plus ou moins jeunes, sensibles à la nouveauté et à l'air du temps.

Je me suis vite rendu compte qu'il n'était cependant pas tant question ici d'âge, mais bien davantage d'appétence et d'usage. J'ai interagi avec des gens qui étaient pour la plupart moins âgés que moi, rarement plus vieux, mais cette réflexion ne trouvait d'écho que lorsque je cherchais mon année de naissance de plus en plus bas dans les menus déroulants pour m'inscrire sur un site. Sur Twitter, l'âge peut être gommé par l'esprit.

Seuls comptent les 280 signes (140 à l'époque), qui pèsent bien plus lourd qu'une année de naissance.

Si je me souviens de ces détails, c'est parce que durant toute cette année de transition, l'âge, et le mien plus précisément, a été une source de questionnements. Était-il bien raisonnable de se mettre au trail à 50 ans passés, surtout avec un capital sportif aussi maigre que le mien ? Un peu comme lorsque je me demandais, parfois, s'il était raisonnable de tweeter alors que j'étais quadragénaire et mère de famille. Les clichés ont la vie dure. Je connaissais évidemment la réponse, et je me suis toujours affranchie du poids des années. Question de liberté, encore une fois. Mais le trail implique une dimension physique et physiologique sur laquelle je n'ai pas la main. On a l'âge de ses artères, n'est-ce pas ? Et j'ai décidé, en accord avec moi-même et mon médecin traitant, lui-même marathonien, que mes artères avaient l'âge de faire ce que bon leur semblait. C'est d'ailleurs l'un des avantages du trail, on peut s'y mettre assez tard, et peaufiner sa technique au fil des kilomètres sans être un athlète de haut niveau. À condition évidemment de s'entraîner régulièrement, quel que soit l'âge. Vu de mes baskets, l'entraînement correspond avant tout au plaisir de démarrer la journée en forme, après avoir arpenté, la sueur au front, des chemins de terre en humant l'air du large. La motivation ? Se sentir bien.

Évidemment, plus on avance en âge, plus les performances baissent. Comme la vue. C'est dans l'ordre des choses, un fait solidement établi, contre lequel on ne peut rien. À part bien sûr s'en contreficher. Je m'en suis d'autant plus contrefiché que je n'ai jamais eu aucune performance à mon actif. Je suis partie de zéro. Il faut juste accepter l'idée, au début, de courir dans la catégorie vétéran, et qu'il n'y en a pas d'autre ensuite. Mais ce constat vertigineux, forcément vertigineux, ne fait au final que renforcer l'envie de profiter pleinement de chaque foulée. Quelle que soit la course que je fasse, je suis contente de la terminer, voire d'améliorer ma performance de quinquagénaire… et de ce fait de gommer les aspérités physiques liées à mon âge.

Finalement, que ce soit en allant humer l'air du temps sur Twitter ou en allant respirer celui des cimes, il s'agit aussi un peu de s'inscrire en faux dans cette société où l'on nous range assez facilement dans des cases, et où les algorithmes font de nous des êtres soumis, plus ou moins consciemment, aux prédictions.

À vrai dire, je n'ai jamais senti les effets de l'âge. C'est une chance. Je ne m'en suis jamais préoccupée. Je ne lutte pas contre mon vieillissement, je lutte pour le maintien d'une certaine jeunesse. Et quand je vois que le Britannique d'origine indienne Fauja Singh, première personne à avoir terminé un marathon à plus de 100 ans, a commencé à courir à… 88 ans, je me dis que j'ai encore de la marge.

Kilomètre 17

# Se fondre dans le paysage

Tous les marcheurs sont des piétons. En revanche, tous les piétons ne se limitent pas à la seule catégorie des marcheurs. Les piétons forment une vaste famille, la famille de ceux qui vont et viennent à pied, quelle que soit leur vitesse, quel que soit leur but. Aller et venir à pied ne va pas nécessairement de soi selon l'endroit où l'on se trouve. On ne ressent pas la même chose, on n'est pas tout à fait le même piéton selon qu'on arpente une zone pavillonnaire, une forêt ou un centre-ville ; selon qu'on randonne, qu'on court ou qu'on flâne. Au gré de mes pérégrinations, j'ai appris à m'adapter, à me métamorphoser pour me couler dans l'environnement.

Quand j'ai débarqué à Paris pour mon premier job, on m'avait prévenue : on reconnaît les provinciaux dans le métro au fait qu'ils avancent lentement, qu'ils flânent, qu'ils semblent traîner, prendre leur temps. De fait, le flux continu de piétons dans les couloirs du métro aux heures de pointe a de quoi décontenancer les nouveaux venus. J'ai cependant adoré m'y perdre, m'y fondre, apprivoiser peu à peu mes itinéraires, connaître par cœur les fléchages, prendre les escaliers plutôt que les escalators, me repérer les yeux fermés dans ce dédale souterrain, apprendre à décrypter le bruit d'une rame qui approche, courir pour ne pas la rater, devenir plus parisienne que tous les Parisiens. Je pourrais presque considérer que c'est dans les couloirs du métro que j'ai effectué mes premiers pas en mode rando-course.

Paradoxalement, si l'on met – à grand-peine – de côté les problèmes de pollution, il est parfois plus facile d'être un piéton des villes qu'un piéton des champs. Les trottoirs des centres-villes, les aires piétonnes, sont pensés en premier lieu pour accueillir des pieds, pas des roues. Ils balisent un chemin spécifique. Ils protègent des automobilistes, voire des cyclistes, de tout ce qui roule en général et peut constituer un danger pour le frêle piéton. Dans le Code de la route, les piétons sont d'ailleurs rangés dans la catégorie des « usagers vulnérables », c'est-à-dire de ceux qui n'ont pas de protection extérieure, comme, au hasard, une carrosserie. Et ont droit à ce titre, pour peu qu'ils respectent leurs devoirs, à certains égards, du moins sur le papier : en agglomération, les conducteurs de véhicules ont l'obligation de céder le passage aux piétons « dès lors que ceux-ci sont engagés sur la chaussée » sous peine de retrait de points sur leur permis.

Mais en dehors des infrastructures censées avoir été pensées pour faciliter le déplacement des uns et des autres, c'est surtout le défilé continu d'un décor changeant qui rend la marche en ville attractive. J'aime beaucoup marcher en ville : je ne m'y ennuie jamais. L'attention est en permanence sollicitée, que ce soit du fait du paysage, de la diversité des gens croisés, des comportements. Il y a toujours matière à observer autour de soi, ne serait-ce que par vigilance : on n'est jamais à l'abri d'une poussette, d'une trottinette ou d'une voiture à éviter. La vie est partout, elle trépide à tous les coins de rue, à la fois rassurante et source potentielle de danger. L'esprit est en état de veille permanente, mélange de prudence et de découverte. Cette tension plus ou moins consciente a bizarrement un côté apaisant, cartésien. Elle ramène les pieds sur le bitume et évite les élucubrations inutiles. Ma pensée citadine colle à ce que je vois, elle est dans l'interprétation : panneaux de signalisation, devantures de magasins, façades d'immeubles, tout est nourriture mentale. Revers de la médaille : le manque de fluidité, de linéarité. Les coupures régulières – feux tricolores, intersections, passages piétons, foule éventuelle, véhicule mal garé, terrasse de café qui déborde… – hachent la déambulation et la transforment en une série d'accélérations-décélérations… comme dans un labyrinthe. Pour autant, se perdre en ville n'a rien à voir avec se perdre à la campagne. La ville et sa signalisation sont rassurantes. Un piéton citadin a toujours la possibilité de retomber sur ses pas. En outre, un piéton citadin est un anonyme parmi les anonymes. Il va, il vient, où et comme bon lui semble. Il a sa place dans la rue.

Ce n'est pas toujours le cas dès que l'on s'éloigne du centre. Être piéton en périphérie est déjà plus aléatoire. Parfois incongru. Au point de s'interroger sur la présence de trottoirs sur certaines grandes artères : sont-ils réellement empruntés par des piétons ou sont-ils là juste pour le décorum ? Pourtant, j'aime l'idée qu'un piéton puisse se glisser n'importe où, sans s'encombrer d'un véhicule. Je me suis ainsi parfois retrouvée dans des friches industrielles assez peu hospitalières, à improviser des sentiers sur des bas-côtés jonchés d'enjoliveurs perdus et de canettes rouillées.

Il ne faut cependant pas croire qu'un piéton se fond davantage dans le paysage rural. Une voiture qui traverse un village se fera moins remarquer qu'un piéton, tant certaines campagnes ont été désertées, abandonnées par les services publics : pas de gare, pas de transports en commun, pas de poste, avec pour conséquences logiques des commerces qui ferment, des cabinets de médecin qui ne trouvent pas de repreneurs et des habitants livrés à eux-mêmes… et à leur voiture. Comment leur en vouloir ? Vivre à la campagne au XXI$^{e}$ siècle s'avère de plus en plus compliqué. Il est certes indispensable de préserver des espaces sauvages, uniques, mais aussi des lieux de vie où l'on peut tout faire à pied : s'alimenter, se soigner, se cultiver. Utopie ? Non. C'était le cas de mon village natal dans les années 1970 : il comptait deux médecins, quatre épiceries, une boulangerie, une boucherie, une bibliothèque, une gare avec une dizaine d'employés, une poste. Quatre décennies plus tard, seules subsistent tant bien que mal la boulangerie, la boucherie et une épicerie, une gare avec des guichets automatiques, et la poste par intermittence. Mais pour combien de temps ? Quand j'étais gamine, tout le monde faisait ses courses au village, on y venait à pied pour acheter des produits frais et locaux parce que c'était normal, et la petite rue principale était naturellement livrée aux piétons à l'heure de midi. Aujourd'hui, traverser ce quasi-désert à pied semble presque déplacé. Il en est ainsi dans beaucoup de campagnes, dont les localités sont devenues malgré elles de simples villages-dortoirs, reléguant la marche à une activité suspecte. Pour ne pas passer pour un intrus, il faut endosser l'uniforme du randonneur : grosses chaussures et sac à dos, qui accordent un statut clair, identifié, sans ambiguïté pour les habitants. Les villages ruraux, dépouillés de leurs attraits par des politiques publiques parfois aveugles, ont été délaissés par les piétons, dont la présence était pourtant naturelle. Il suffit de faire l'expérience d'une balade à pied dans un lotissement : rarement je me suis sentie aussi peu à ma place en tant que marcheuse.

C'est mon petit côté militant depuis que j'ai désinvesti le numérique : nous devrions tous avoir la possibilité de redevenir piétons ; un piéton devrait pouvoir se déplacer partout. Car c'est lui, l'être originel : nous sommes des bipèdes avant d'être des automobilistes.

Kilomètre 18

# Les pieds au pouvoir

« Chaque seconde, 29 000 gigaoctets d'informations sont publiés dans le monde, soit 2,5 exaoctets par jour, soit 912,5 exaoctets par an[10]. » Le temps de lire cette phrase, près d'un million de gigaoctets ont été produits sur le Net. Ça ne vous parle pas ? Sachez alors simplement que plus de 90 % des données disponibles aujourd'hui ont été créées ces deux dernières années. Faramineux, vertigineux… Les qualificatifs manquent face à cette avalanche numérique.

Pour certains, comme l'essayiste Yuval Harari, nous allons entrer dans une nouvelle ère, celle du « dataïsme » : l'univers se résumera désormais à un flux de données, et nos prises de décision ne seront plus le fruit de notre libre arbitre mais des algorithmes, qui pourront, en interprétant mieux que nous les traces que nous laissons en ligne, nous guider dans nos choix pour nous proposer des réponses personnalisées[11]. C'est déjà le cas sur les sites d'e-commerce, qui mettent en avant des produits en fonction des liens sur lesquels nous avons déjà cliqué. C'est également le cas de Google qui, pour une même requête, n'apportera pas la même réponse notamment selon notre localisation ou nos recherches antérieures. Vous pensez maîtriser votre flux sur les réseaux sociaux ? Là aussi les algorithmes sont déjà en action pour nous présenter des contenus jugés pertinents. Et nous dire pour qui voter aussi ? Pire, pour nous donner l'illusion que nous prenons des décisions selon notre propre volonté… influencée sans que nous

10 https://www.planetoscope.com/Internet-/1523-informations-publiees-dans-le-monde-sur-le-net-en-gigaoctets-.html

11 Yuval Noah Harari, *Homo deus. Une brève histoire du futur*, Paris, Albin Michel, 2017.

en ayons conscience. C'est ce type de mécanisme qui a été à l'œuvre dans l'affaire Cambridge Analytica lors de l'élection de Donald Trump. « Nous nous sommes servis de Facebook pour récupérer les profils de millions de personnes. Nous avons ainsi construit des modèles pour exploiter ces connaissances, et cibler leurs démons intérieurs[12] », a indiqué au *Guardian* le lanceur d'alerte Christopher Wylie, ancien employé de Cambridge Analytica, lorsque le scandale a éclaté en mars 2018.

Froid dans le dos ? Oui. Le vent du tout-techno a parfois de quoi glacer. Pour avoir observé au plus près depuis une vingtaine d'années la manière dont nous sommes devenus hyperconnectés, pour le vivre également au quotidien, je perçois les limites du phénomène. Il nous faut retrouver nos esprits et prendre conscience qu'un glissement est à l'œuvre. Nous partageons beaucoup, nous donnons beaucoup, nous déléguons beaucoup.

Déléguer s'avère utile, et tellement facile… J'ai cependant ressenti un choc lorsque je me suis rendu compte que je ne connaissais pas les numéros de portable de mes enfants. Seul mon smartphone les connaît. Je ne connais pas le numéro de mes propres enfants ! Si je perds mon téléphone, je perds le numéro de mes enfants. C'est assez fou. Je n'ai même pas été fichue de mémoriser trois pauvres numéros, une petite suite de trente chiffres. Pire, je n'y ai pas pensé : comme s'il était naturel que, désormais, seul mon iPhone sache comment joindre les fruits

12 « Élection de Trump : le hold-up de Cambridge Analytica sur les usagers de Facebook », *L'Express*, 18 mars 2018. https://www.lexpress.fr/actualite/monde/amerique-nord/election-de-trump-le-hold-up-de-cambridge-analytica-sur-les-usagers-de-facebook_1993257.html

de mes entrailles. Comme si mémoriser n'avait plus aucun intérêt puisqu'une machine peut le faire pour moi.

Heureusement, il paraît que courir renforce la mémoire. Plusieurs études le confirment. Selon le neurologue Jean-François Chermann, «courir trente à quarante minutes trois fois par semaine permet d'augmenter le volume de l'hippocampe, une partie du cerveau qui joue un rôle central concernant la mémoire, le stockage des souvenirs mais aussi la navigation spatiale ou encore l'attention[13]». Il faut nous réapproprier notre capacité à réfléchir, à mémoriser, à prendre des décisions. Quitte à être influencés, soyons-le par nos pieds! Le meilleur moyen de sortir de ces «bulles cognitives» dans lesquelles nous nous enfermons sans nous en rendre compte, c'est encore de sortir tout court.

---

13 « C'est prouvé, courir rend intelligent », *Ouest-France*, 10 avril 2017, https://www.ouest-france.fr/sport/running/c-est-prouve-courir-rend-intelligent-4920535

Kilomètre 19

# Traces de pas, traces de soi

Dans le lointain, les vagues vont et viennent, sûres d'elles, limpides. La lueur orange de l'horizon annonce le grand plongeon du soleil. La mer, basse, remonte lentement, mais inexorablement. Le sable conserve encore les marques d'une après-midi de vacances : châteaux aux tours crénelées, flaques-piscines cerclées de galets, traces de pas... Bientôt, tout sera effacé. Les bons comme les mauvais souvenirs de ce jour seront dilués dans le sel marin. Et demain, une nouvelle journée, une nouvelle plage, une nouvelle surface, lisse, se prêtera à l'imagination et à la déambulation des baigneurs. De nouvelles traces seront laissées, puis effacées. Le cycle de la vie. Que serions-nous sans la possibilité de l'oubli ? De recommencer à zéro ? De couper les ponts ? De choisir les traces que nous souhaitons garder ou non ? C'est la question que je me pose de plus en plus au regard de toutes ces empreintes que nous laissons à la moindre connexion. Précision en guise de clin d'œil : c'est par le biais de centaines d'immenses câbles sous-marins (le plus long, 39 000 kilomètres, relie l'Europe à l'Asie du Sud-Est et à l'Australie) que nos échanges numériques peuvent avoir lieu à haut débit…

Il y a les traces que nous laissons volontairement, messages, photos, articles, likes déposés sur Facebook, Instagram, WordPress, Twitter, Linkedin et autres. Celles-ci sont certes librement consenties, et nous pouvons en théorie les retirer quand bon nous semble. Ce qui est vrai, nous pouvons supprimer du contenu. Mais il en restera toujours quelques octets quelque part. Nombreux sont les tweets partis trop tôt, effacés par leur émetteur, mais qui demeurent dans la mémoire du réseau. Nombreuses aussi sont les photos que nous publions sans penser que la postérité n'est pas un vain mot en ligne. Pour démontrer par l'absurde que certains parents agissent de manière inconséquente avec les images de leurs enfants, un site néérlandais, dans le cadre d'une campagne de sensibilisation, a proposé à la vente des mugs avec des clichés d'enfants, tous dénichés sur un site de partage de photos libres de droit. Cette initiative était parfaitement légale et avait pour but d'inciter les parents, et chacun en général, à être très vigilant avec ses publications en ligne.

Cela devient encore plus problématique quand il s'agit de contenu nous concernant mais publié par des tiers. Si la publication est «gênante», il existe des procédures différentes selon les réseaux sociaux pour la supprimer, mais longues, et qui n'empêcheront pas la viralité, ne serait-ce que par le biais des captures d'écran.

Et puis il y a toutes ces traces invisibles, qui ne participent pas de la construction de notre réputation en ligne, et dont nous ignorons la plupart du temps l'existence, mais qui sont bel et bien là : cookies espions déposés sur les sites que nous visitons pour mieux nous pister, trackers en tous genres installés à la moindre requête, géolocalisation activée à notre insu... Au fil des années, nous sommes devenus une accumulation de data plus ou moins *big*, exploitable à des fins marketing, sinon politiques, pour « bénéficier » d'un ciblage de plus en plus fin.

Sur Internet, l'oubli est devenu un droit, tant il est menacé par la mémorisation et le stockage de nos données. Ce droit à l'oubli prend la forme d'un droit au déréférencement sur les moteurs de recherche : les données ne sont pas effacées, mais elles ne doivent plus être accessibles par le biais d'une requête sur Google ou autre. Le droit à l'effacement, autre pan du droit à l'oubli, permet à un internaute de demander le retrait d'une information sur le site d'origine.

Je veux pouvoir rester maître de ce qui façonne mon identité sans être obligée d'avoir recours à une procédure plus ou moins longue : c'est aussi cette envie qui a dicté mon éloignement des plateformes de publication. J'ai laissé derrière moi de nombreuses traces écrites, sous des noms divers ; je les ai voulues, signées, assumées : c'est mon métier. J'ai essayé en revanche de limiter les images de moi – on sort là du cadre professionnel.

J'ai grandi avec l'idée que pour vivre heureux, il faut vivre caché, et je pense qu'il y a une part de vérité dans cet adage. C'est ce que j'essaie d'expliquer à mes enfants en leur apprenant à ne publier que des contenus les valorisant, ne révélant rien de leur vie privée. Les traces qu'on laisse sur le Net, contrairement à celles sur le sol après notre passage, sont tenaces. Plutôt que d'affronter ce flot d'informations qui se déverse chaque minute sur nos écrans, regardons d'abord ce qui se passe sous nos yeux. On n'a pas encore trouvé mieux pour échapper aux algorithmes et aux *fake news* qui circulent en ligne. Car courir dans les bois ou marcher en ville, c'est aussi se plonger dans la réalité du monde. C'est avoir la tête sur les épaules, pas dans le *cloud*. C'est éprouver des émotions, c'est être humain.

Kilomètre 20

# Interface canapé/clavier

*Sur mon canapé, 28 septembre 2018*

Je ne crois pas au hasard. Voilà maintenant plus d'un an que je tiens à bonne distance ma vie numérique. Depuis que j'ai pris la décision, là-haut sur la falaise, de m'éloigner des réseaux sociaux, j'ai dompté mon smartphone. J'essaie de limiter mon temps de connexion à l'indispensable. Mon attention ne se focalise plus uniquement sur ce qui se passe sur Twitter ou Facebook. J'ai rééquilibré ma vie grâce à la marche en général et au running en particulier. Mais j'ai désormais beaucoup de mal à rester assise face à un écran… ce qui peut être problématique quand on exerce, comme moi, un métier où ordinateur et téléphone sont indispensables. Je crois qu'il me fallait une immobilisation forcée pour pouvoir rétablir un contact cordial avec un clavier et un écran.

C'est ainsi que je me suis fait une entorse.

En courant, comme je le fais régulièrement depuis quelques mois. Bêtement. Sans forcer. C'est une « belle » entorse (grave en langage médical), qui nécessite six semaines d'immobilisation complète, sans poser le pied à terre. Non, définitivement, je ne crois pas au hasard.

Comme si seule une entorse avait eu la capacité de stopper mon éloignement progressif des univers connectés, pour repartir du bon pied, dans tous les sens du terme. Comme si seule une blessure avait pu me montrer qu'une cohabitation pacifique, sans excès, était possible, voire nécessaire, avec un smartphone.

Pourquoi ? Parce que quand on est obligé de passer ses journées allongé sur un canapé, on dispose de beaucoup de temps, en particulier du temps de cerveau disponible, puisque le corps est, lui, hors jeu. Cette période de convalescence m'a semblé opportune pour renouer une relation apaisée avec Internet, dépassionnée. Ce temps connecté ne m'a pas semblé volé à un autre. C'est même le contraire : il m'a aidée à passer plus agréablement des heures longues et pénibles.

La vie numérique, pour soluble qu'elle soit dans notre quotidien, n'en est pas moins extrêmement chronophage. C'est une couche supplémentaire dans nos journées, elle s'infiltre dans notre quotidien, se superpose au reste, et change complètement notre rapport au présent. Quand je suis tombée dans le grand bain numérique, j'ai passé un temps fou en ligne, pour des raisons toutes plus légitimes les unes que les autres : répondre aux e-mails, aux SMS, publier des billets, des articles, faire leur promotion sur Twitter, Facebook et compagnie, répondre aux commentaires, aux questions, aux sollicitations nombreuses et variées, aller à la pêche aux infos, faire de la veille, organiser mes déplacements, éduquer mes enfants au numérique, me familiariser avec leur culture en regardant des vidéos sur YouTube avec eux, chercher des tutos cuisine, faire mes courses, ma compta, mes déclarations d'impôts, etc. Comme un nombre croissant de mes contemporains.

Vivre sans Internet, sans smartphone, relève désormais de la gageure. Mais nous pouvons en revanche filtrer cette vie numérique, pour nous en rendre moins dépendants, et n'en retenir que le plus intéressant, le plus utile pour nous. Nous sommes plus de 2,2 milliards dans le monde à être présents sur Facebook, et 1 milliard sur Instagram. Plus de la moitié des internautes français (56 %) sont présents sur au moins un réseau social. C'est considérable. Interrogeons notre pratique de ces outils. Interrogeons également le temps que nous y passons : est-il indispensable ? est-il de qualité ? qu'en retirons-nous concrètement ? Selon la compilation de plusieurs études, à l'échelle de notre vie, nous passerions l'équivalent de cinq années sur les réseaux sociaux, contre un peu moins de deux ans à nouer des relations sociales dans le monde réel[14]. Il ne semble donc pas inutile de se pencher sur ces questions.

Nous semblons prisonniers, comme le dit Sean Parker, l'un des fondateurs de Facebook, d'une « boucle de feedback de validation sociale[15] » : en gros, j'ai des likes donc j'existe, version numérique du *cogito ergo sum* de Descartes. Sean Parker a lui-même reconnu récemment que cette « faille » du cerveau humain avait été utilisée à dessein en développant Facebook. On ne pourra pas dire qu'on ne savait pas. Pris dans le tourbillon du circuit de la récompense, nous en oublierions presque la récompense du circuit, le vrai, celui qui nous fait voir du pays.

14 Claire Jenik, « À la recherche du temps perdu (sur les réseaux sociaux) », Statista.com, 30 janvier 2018, https://fr.statista.com/infographie/12720/a-la-recherche-du-temps-perdu--sur-les-reseaux-sociaux-/ (études réalisées sur la population américaine en 2016).

15 https://www.youtube.com/watch?v=WlfrMwqI6Fo

Épilogue

# Finisher !

*Aux abords de la Manche, 14 novembre 2018*

En août 2018, j'ai bouclé mon premier trail en montagne, à Val-Cenis, en 2 h 57. Je m'étais fixé 3 heures... Je n'avais jamais couru aussi longtemps, ni sur une aussi longue distance, et je ne m'en pensais pas capable. J'en suis ressortie infiniment plus forte. On apprend à tout âge, c'est une question d'envie. Il y a un avant et un après trail dans ma vie. Cette ligne d'arrivée était hautement symbolique.

J'ai puisé dans la force acquise au fil des kilomètres de quoi faire face aux très longs quarante jours d'immobilisation qui m'ont stoppée net dans ma quête d'endurance. Quarante jours avec pour principal paysage les quatre murs de mon salon : c'est long, une entorse. C'est dans ce genre de situation que l'on se rend compte à quel point notre environnement nous nourrit, et à quel point les interactions avec celui-ci, qu'elles soient physiques, physiologiques, du domaine du ressenti ou de l'émotion, sont essentielles à notre épanouissement. Les interactions que j'ai pu avoir avec les canopées, les sentiers pierriers ou les vagues sont certes moins sociales que sur les réseaux, mais infiniment plus vivifiantes.

Quarante jours, c'est le temps qu'il m'aura fallu pour mettre au clair ce livre que j'ai porté et construit au fil de mes courses, randonnées et flâneries. Je me suis coulée dans mon canapé, et j'en ai profité pour faire une analyse à ciel ouvert de ces derniers mois.

J'ai également profité de ce temps libre imposé pour créer un nouveau blog[16]. J'avais besoin d'une sorte de bloc-notes, d'un laboratoire d'idées pour accompagner mon récit de déconnexion-reconnexion en tentant de

16 http://passage-pieton.fr/

nouveau le partage d'expérience en ligne, comme je l'avais fait auparavant. Je ne voulais pas non plus me priver d'un outil qui pouvait m'aider à structurer ma pensée. Manière de faire un premier retour positif vers le numérique.

J'ai créé ce blog avec un regard tellement distancié que j'en ai éprouvé une sensation de grand luxe. Pour la première fois depuis longtemps, je n'ai pas été happée par le stress de la page vue : je n'ai ressenti aucune obligation d'alimenter ce site au quotidien pour répondre à l'attente de lecteurs ou d'annonceurs, je n'avais rien à prouver, pas de réputation à construire. Logiquement, je n'ai pas eu non plus le sentiment de devoir courir après le temps et les retours : je n'attendais aucun like, commentaire ou partage quel qu'il soit. Je ne voulais pas que mon besoin d'être lue, légitime quand on écrit, se matérialise par des pouces ou des cœurs. Je voulais qu'il reste abstrait.

Je ne voulais surtout pas de pression, pas de compte Twitter ou Facebook lié au blog, juste un tout petit compte Instagram alimenté au compte-gouttes. Je souhaitais simplement être lue, au gré des clics, éventuellement. Je dis «éventuellement», car je n'ai pas non plus travaillé le SEO (sigle pour *search engine optimization*, « optimisation pour les moteurs de recherche », qui signifie qu'on organise le contenu d'un site non pas selon sa propre vision des choses, mais pour qu'il sorte en tête des recherches de sa catégorie sur Google). Rien, dans ce blog, n'a été spécialement optimisé pour les moteurs de recherche. J'ai écrit comme bon me semblait, l'idée étant d'apporter un témoignage susceptible d'intéresser ceux qui souhaitent eux aussi déconnecter, ou du moins, se connecter de manière raisonnée. Je ne voulais surtout pas replonger dans les statistiques de Google Analytics : celles qui donnent le tournis en détaillant le nombre de visiteurs, leur provenance, les pages visitées, le temps passé sur le blog, le taux de rebond et autres joyeusetés qui deviennent vite des lectures quotidiennes addictives, un audimat du blogueur. J'ai alimenté ce site au gré de ma disponibilité et de mes envies, pas selon des mots-clés ou un calendrier défini à l'avance. Voilà pour moi une définition du luxe au XXIe siècle : s'exprimer sur un coin de verdure de la Toile, très tranquille, sans contrainte, selon son propre calendrier, ses propres envies.

Les médias sociaux sont ce que l'on en fait. S'ils pallient une réalité défaillante, fragile, ils sont le pire des remèdes. En laissant voir l'illusion d'autres vies que les nôtres, ils peuvent nous persuader que notre réalité n'est que fadeur et platitude. Ils peuvent à l'inverse gonfler artificiellement notre ego, qui risque d'éclater comme celui de la pauvre grenouille. Les réseaux sociaux en particulier, la vie numérique au sens large sont un passe-temps trompeur si l'on n'y prend garde.

Utilisés à bon escient, avec notre libre arbitre et en restant maîtres de notre attention, ils peuvent en revanche être utiles. C'est vrai, par exemple, de la communauté des coureurs sur Instagram, dont les échanges et les récits de marathons, trails, sorties du dimanche ou entraînements quotidiens ont nourri ma motivation de randonneuse qui court.

Et puis il fallait bien donner un sens à ma cheville tordue. Un peu comme si, finalement, tout s'imbriquait : cette entorse, c'est ma réunification personnelle, mon union sacrée à moi. Celle du mental et du physique qui, comme dans un trail, ont dû s'unir pour surmonter les difficultés. Et celle, aussi, d'une nouvelle cohabitation possible avec une vie numérique, d'un retour raisonné et raisonnable aux clics et aux interactions. Je me reconnecte, mais en gardant présent à l'esprit qu'avancer, les deux pieds sur terre, est plus précieux qu'être liké d'un pouce. J'ai repris ma place dans le monde d'aujourd'hui, dans sa complexité. J'ai retrouvé l'inspiration, dans tous les sens du terme, et désormais, avec mes pieds, je n'en fais qu'à ma tête.

## Inspirations…

### … littéraires


Antoine de Baecque,
*La Traversée des Alpes. Essai d'histoire marchée*,
Paris, Gallimard, 2014.

Lizzy Hawker,
*Voyage au bout de l'endurance*,
Paris, Paulsen, collection Guérin, 2018.

Kilian Jornet,
*Summits of My Life. Rêves et défis en montagne*,
Paris, Arthaud, 2018.

Jacques Lacarrière,
*Le Pays sous l'écorce*,
Paris, Seuil, 1981.

Jean-Philippe Lelief,
*La Folle Histoire du trail*,
Paris, Paulsen, collection Guérin, 2018.

Haruki Murakami,
*Autoportrait de l'auteur en coureur de fond*,
Paris, Belfond, 2009.

Pascal Picq,
*La Marche. Sauver le nomade qui est en nous*,
Paris, Autrement, 2015.

Jean-Marc Rochette,
*Le Loup*,
Paris, Casterman, 2019.

Sylvain Tesson,
*Sur les chemins noirs*,
Paris, Gallimard, 2016.


### … et amicales


Merci à Astrid pour ce mémorable dimanche de randonnée. Merci à Gilles et Marie pour leur générosité, leurs partages et le swimrun méditerranéen. Merci à Marie, Hélène, Raphaëlle, Pauline de m'avoir entraînée, dans tous les sens du terme. Merci à Juliette, Nadège, Fanny pour ces bouts de route faits ensemble.

Conception graphique et mise en pages
**Thierry Sestier**

Relecture
**Taïna Grastilleur**

Édition
**Cyril Léclaircie et Thomas Bout**

Le papier de cet ouvrage est composé de fibres naturelles, renouvelables,
recyclables et fabriquées à partir de bois provenant
de forêts gérées durablement.

N° d'impression : 18483191003
Imprimé en France par la Sepec en novembre 2019

IMPRIM'VERT®

PEFC 10-31-1470 / Certifié PEFC / Ce produit est issu de forêts gérées durablement et de sources contrôlées. / pefc-france.org